软式棒垒球运动对学生体能发展研究

朱凯凯 著

吉林摄影出版社
·长春·

图书在版编目（CIP）数据

软式棒垒球运动对学生体能发展研究/朱凯凯著. 长春：吉林摄影出版社，2024.10. --ISBN 978-7-5498-6530-7

Ⅰ.G848；G479

中国国家版本馆 CIP 数据核字第 2024F1Y389 号

软式棒垒球运动对学生体能发展研究
RANSHI BANGLEIQIU YUNDONG DUI XUESHENG TINENG FAZHAN YANJIU

著　　者：	朱凯凯
出 版 人：	车　强
责任编辑：	罗　晗
开　　本：	787mm×1092mm　1/16
字　　数：	139 千字
印　　张：	10
版　　次：	2024 年 10 月第 1 版
印　　次：	2024 年 10 月第 1 次印刷
出　　版：	吉林摄影出版社
发　　行：	吉林摄影出版社
地　　址：	长春市净月高新技术产业开发区福祉大路 5788 号
	邮编：130118
电　　话：	总编办：0431—81629821
	发行科：0431—81629829
印　　刷：	北京银祥印刷有限公司

ISBN 978-7-5498-6530-7　　　　定　价：65.00 元

版权所有　侵权必究

前　言

在当今教育环境下，学生的全面发展备受关注，其中体能发展是学生成长过程中至关重要的一环。随着教育理念的不断更新和体育教学的不断探索，软式棒垒球运动逐渐走进校园，成为促进学生体能发展的一种新兴体育项目。

软式棒垒球运动具有独特的魅力和价值。它结合了竞技性、团队性和趣味性，既能够激发学生的运动热情，又能培养学生的合作精神和竞争意识。与传统的棒垒球运动相比，软式棒垒球的器材更加安全，规则更加简化，适合不同年龄段的学生参与。

学生的体能发展涵盖多个方面，包括力量、速度、耐力、敏捷性和协调性等。良好的体能不仅有助于学生在学业上保持充沛的精力，提高学习效率，还能为他们的未来生活奠定健康的基础。然而，在现实中，由于学业压力、缺乏运动时间以及对传统体育项目的兴趣不足等原因，许多学生的体能状况不容乐观。因此，寻找一种既有趣又能有效促进学生体能发展的体育项目显得尤为重要。

软式棒垒球运动在促进学生体能发展方面具有巨大的潜力。在参与软式棒垒球运动的过程中，学生需要进行奔跑、投掷、击球等动作，这些动作能够有效地锻炼学生的速度、力量和协调性。同时，一场软式棒垒球比赛通常需要持续一定的时间，这对学生的耐力也是一种考验。此外，软式棒垒球运动强调团队合作，学生在与队友的配合过程中，需要不断地进行沟通和协调，这有助于提高他们的团队协作能力和反应速度。

通过对软式棒垒球运动对学生体能发展的研究，我们可以深入了解这项运动在促进学生力量、速度、耐力、敏捷性和协调性等方面的具体作用。同时，也可以为学校体育教学提供新的思路和方法，丰富体育课程内容，提高学生对体育活动的兴趣和参与度。此外，该研究还可以为家长和社会提供参考，让他们认识到软式棒垒球运动对学生体能发展的积极影响，从而更加支持学生参与体育活动。

总之，软式棒垒球运动对学生体能发展的研究具有重要的现实意义和价值。它不仅有助于提高学生的体能水平，促进学生的全面发展，还能为学校体育教学改革和社会体育事业的发展作出贡献。

在撰写本书的过程中，作者查阅和借鉴了大量的相关资料，在此向其作者表示诚挚的感谢。此外，本书的撰写也得到了相关专家和同行的支持与帮助，在此一并致谢。由于作者水平有限，加之时间仓促，书中难免出现纰漏，敬请广大读者批评指正。

目 录

第一章　棒垒球运动的概述 ······························ 1
　　第一节　棒垒球运动的起源、历史及奥运发展史 ············· 1
　　第二节　棒垒球运动的特点 ···························· 8
　　第三节　棒垒球运动在中国的发展 ······················ 16

第二章　软式棒垒球的阐述 ······························ 22
　　第一节　软式棒垒球的起源 ··························· 22
　　第二节　软式棒垒球的器材 ··························· 28
　　第三节　软式棒垒球的项目特点 ························ 30
　　第四节　校园软式棒垒球项目的开展现状 ················· 32

第三章　软式棒垒球的基本技术 ·························· 35
　　第一节　软式棒垒球的传球技术 ························ 35
　　第二节　软式棒垒球的接球技术 ························ 40
　　第三节　软式棒垒球的击球技术 ························ 51

第四章　软式棒垒球的教学计划 ·························· 57
　　第一节　软式棒垒球的单元计划 ························ 57
　　第二节　软式棒垒球的课时计划 ························ 66
　　第三节　软式棒垒球的教案范例 ······················· 105

第五章　软式棒垒球比赛攻防策略 ······················· 118
　　第一节　软式棒垒球比赛战略技术 ····················· 118
　　第二节　软式棒垒球比赛防守策略 ····················· 128
　　第三节　软式棒垒球比赛进攻策略 ····················· 136

第六章　软式棒垒球运动对学生全面发展的研究 …………… 141
　第一节　软式棒垒球运动对学生体能方面的研究 ………… 141
　第二节　软式棒垒球运动与学生心理方面的研究 ………… 145
　第三节　软式棒垒球运动对学生社会适应能力的研究 …… 148

参考文献 ………………………………………………………… 153

第一章 棒垒球运动的概述

第一节 棒垒球运动的起源、历史及奥运发展史

一、起源探究：多元文化土壤中的萌芽

(一)古代欧洲民间游戏的雏形

在中世纪的欧洲大陆，广袤的土地上散布着无数的村庄与城镇，人们的生活虽然质朴却充满活力。彼时，一种以棍棒击球为主要形式的民间游戏在民间悄然兴起。这些游戏往往在村庄的公共草地或城镇的空旷广场上进行，参与者们就地取材，使用简易的木制球棒和自制的球。球的材质多种多样，有的是用皮革缝制而成，内填充着毛发或其他柔软物质；有的则是直接用麻绳缠绕成球状。游戏的规则相对简单，参与者们分成两队，通过击球和奔跑来争夺分数。击球手的目标是尽可能将球击向远方，然后迅速奔跑，在对方队员将球捡起并传回特定区域之前，完成一系列规定的跑垒动作。这种游戏不仅考验着参与者的身体协调性、力量和速度，更成为邻里之间交流互动、增进感情的重要方式。它在欧洲各地有着不同的名称和玩法变体，但都为后来棒垒球运动的形成奠定了基础。例如，在英国的某些地区，这种游戏被称为"Rounders"，其规则与现代棒垒球已经有了一些相似之处，如击球、跑垒和接球的基本概念已经初步形成。

(二)北美洲印第安部落的球类竞技

与此同时，在遥远的北美洲大陆，印第安部落拥有着自己独特而精彩

的球类竞技传统。印第安部落的球类游戏场地规模较大,形状各异,有的呈圆形,有的则是长方形。比赛使用的球多由动物皮革制成,球内填充着植物纤维或其他柔软材料,使其具有一定的弹性。参与者们在比赛中展现出了非凡的奔跑能力、敏捷的反应速度和精准的击球技巧。他们在球场上全力奔跑,追逐着球的轨迹,通过击球来改变球的方向,为己方创造得分机会。这些游戏不仅仅是一种体育竞技,更是印第安部落文化传承的重要载体。部落的年轻人通过参与这些球类竞技,学习到了勇敢、团结、协作等重要品质,同时也传承了部落的历史。

(三)融合与演变:现代棒垒球的诞生

随着欧洲殖民者的到来,欧洲文化与美洲原住民文化开始了广泛而深入的交流与融合。在这个过程中,欧洲的棍棒击球游戏与北美洲印第安部落的球类竞技相互影响,逐渐演变出了现代意义上的棒垒球运动。在19世纪中叶的美国,棒球运动开始逐渐形成较为规范的体系。场地的大小和形状被明确规定,标准的棒球场呈菱形,四个角分别设有本垒、一垒、二垒和三垒。比赛的人数也固定下来,每队通常由九名队员组成,分别负责不同的位置和任务。击球和跑垒规则变得更加详细和精确,例如,击球手必须在规定的击球区内击球,跑垒员必须按照特定的顺序依次跑过各个垒位,否则将被判出局。同时,投手的投球方式和规则也得到了规范,投手需要站在投手丘上,以特定的动作和姿势投出球,并且要遵守各种投球限制和规则,如投球的速度、高度和角度等。这些规则的制定和完善,使得棒球运动更加公平、有序,也更具观赏性和竞技性。

棒球运动凭借其独特的魅力,迅速在美国本土传播开来。在城市中,职业棒球俱乐部如雨后春笋般涌现,吸引了大量的球迷和观众。这些职业俱乐部拥有专业的球员、教练和管理团队,他们通过组织高水平的比赛,为棒球运动的发展注入了强大的动力。例如,纽约扬基队、波士顿红袜队等著名的职业棒球俱乐部,不仅在国内拥有众多的球迷,在国际上也享有很高的声誉。在乡村小镇,业余棒球队也蓬勃发展,成为当地居民娱乐生活的重要组成部分。每逢周末或节假日,各个小镇之间的棒球比赛便成了人们关注的焦点,整个社区的居民都会聚集在球场上,为自己支持的球队呐喊助威。棒球运动的影响力不断扩大,逐渐走向世界舞台,成为一项全球性的体育运动。

二、历史演进:职业化与国际化的征程

(一)美国职业棒球大联盟:职业化的标杆

19世纪后期至20世纪初期,美国职业棒球大联盟(MLB)的成立成为棒球运动职业化进程中的一个重要里程碑。MLB汇聚了全美最顶尖的棒球球员,他们在赛场上展现出了极高的竞技水平和精湛的技艺。联盟制定了严格的球员选拔、转会、薪酬等制度,确保了比赛的公平性和竞争性。例如,球员的选拔通过选秀制度进行,各支球队按照一定的顺序挑选有潜力的年轻球员,这些球员经过系统的训练和培养,逐渐成长为球队的核心力量。转会制度则规范了球员在不同球队之间的流动,使得各支球队能够根据自身的需求和战略,引进合适的球员。薪酬制度根据球员的表现、经验和市场价值等因素确定,激励着球员不断提高自己的竞技水平。

在职业赛事竞争方面,MLB的比赛精彩纷呈,充满了悬念和刺激。各支球队之间的竞争异常激烈,每个赛季都要进行长达数月的常规赛,然后根据常规赛的成绩排名,进入季后赛的球队将展开更为激烈的争夺。季后赛采用淘汰制,每场比赛都至关重要,球队和球员们都承受着巨大的压力。在比赛中,球员们不仅要依靠出色的个人技术,更要注重团队协作和战术配合。例如,在进攻时,击球手需要根据投手的投球特点和场上的局势,制定合适的击球策略;跑垒员要与击球手密切配合,通过偷垒、牺牲打等战术,为球队创造得分机会。防守时,投手要通过精准的投球控制比赛节奏,守场员则要凭借快速的反应和准确的接球、传球,阻止对方得分。这些精彩的比赛吸引了无数球迷的目光,无论是在现场观看比赛,还是通过电视、广播等媒体收听收看比赛转播,球迷们都沉浸在棒球运动的魅力之中。

随着MLB的发展壮大,棒球运动的战术体系也得到了极大的丰富和完善。教练们和球员们不断探索和创新,研发出了一系列复杂多变的进攻与防守战术组合。在进攻战术方面,除了常见的击球跑垒基本策略外,牺牲打战术得到了广泛应用。当球队处于特定的局面时,击球手会故意将球击向某个方向,以便跑垒员能够顺利从一个垒位跑向另一个垒位,即使击球手可能会因此被封杀出局,但却为球队创造了更好的得分机会。盗垒战术也是进攻中的重要手段之一,速度快的跑垒员会在合适的时机尝试偷垒,通过突然的起跑和快速的奔跑,抢占下一个垒位,打乱对方的防守部署。双杀战术则是防守方的有力武器,当击球手击出地滚球时,一垒手、二垒手和游击手等内场手需要迅速做出反应,通过准确的接球和传球,将跑垒员封杀在垒位上,实现双杀,从而有效地遏制对方的进攻势头。这些战术的运用不仅增加了比赛的观赏性和悬念,也对球员的体能、技能和智力提出了更高的要求。球员们需要具备良好的身体素质,包括力量、速度、耐力、协调性等,才能在比赛中准确地执行战术;同时,他们还需要具备敏锐的观察力、快速的反应能力和出色的判断力,以便在瞬息万变的比赛局势中做出正确的决策。

(二)国际传播:棒球运动的全球之旅

在MLB的推动下,棒球运动开始了其国际化的传播之旅。棒球运动作为美国文化的重要代表之一,随着美国的对外交流与合作,被带到了欧洲、亚洲、拉丁美洲等世界各地。

在欧洲,棒球运动在一些国家逐渐落地生根。例如,在荷兰,棒球运动得到了广泛的开展,荷兰国家队在国际棒球赛事中表现出色,多次参加奥运会和世界棒球经典赛等重要赛事,并取得了不俗的成绩。荷兰拥有完善的棒球联赛体系,培养出了众多优秀的棒球人才。在意大利,棒球运动也有着一定的群众基础,意大利的棒球联赛吸引了不少国内外球员的参与,推动了棒球运动在当地的发展。在亚洲,日本成为棒球运动的重要发展地区。棒球运动在日本迅速融入本土文化,深受日本民众的喜爱,成为日本民众最喜爱的体育项目之一。日本职业棒球联赛(NPB)成立后,发展迅速,其比赛风格注重团队协作、战术纪律和技术细节,培养出了众多世界级的棒球明星。日本的棒球文化也独具特色,球迷们对棒球运动的热情高涨,球场氛围热烈,棒球比赛成为日本社会文化生活的重要组成部分。在韩国,棒球运动同样备受欢迎,韩国职业棒球联赛拥有众多忠实的球迷,韩国国家队在国际赛事中也具有较强的竞争力,多次在亚洲棒球锦标赛等赛事中夺冠。在拉丁美洲,古巴是棒球运动的强国。棒球运动在古巴得到了国家的大力支持,成为古巴体育的骄傲。古巴国家队在国际棒球赛事中屡获佳绩,其球员以精湛的技术和顽强的拼搏精神著称。古巴拥有完善的棒球人才培养体系,从基层的青少年培训到国家队的选拔和训练,都有着严格的制度和方法。

在不同国家和地区,棒球运动结合当地的文化特色和体育传统,衍生出了各具特色的发展路径。在欧洲,由于其足球文化的深厚底蕴,棒球运动在发展过程中注重与足球文化的融合与借鉴。例如,在赛事组织和球迷文化方面,借鉴了足球的一些成功经验,通过举办大型的棒球赛事,吸引了更多的观众和媒体关注。在亚洲,日本和韩国等国家将本土文化中的团队精神、礼仪文化等融入棒球运动中,使得棒球运动在这些国家具有了独特的文化内涵。日本的棒球比赛中,球员们注重礼仪和团队协作,比赛前后都会向观众和对手鞠躬致意,这种礼仪文化不仅体现了对他人的尊重,也增强了比赛的仪式感和观赏性。在拉丁美洲,古巴等国家将棒球运动与民族文化紧密结合,棒球运动成为了传承和弘扬民族文化的重要载体。古巴的棒球比赛中,常常伴随着欢快的音乐和热情的舞蹈,观众们也积极参与其中,营造出了一种热烈、欢快的氛围,充分体现了拉丁美洲的文化特色。

三、奥运发展史:荣耀与波折的奥运之路

(一)棒球在奥运会中的起伏历程

棒垒球运动与奥运会的渊源可以追溯到1904年圣路易斯奥运会,当时棒球首次作为奥运会表演项目亮相国际体育舞台。这一亮相标志着棒

球运动正式进入奥运会的视野,为其后续的发展奠定了基础。在1912年斯德哥尔摩奥运会、1936年柏林奥运会、1956年墨尔本奥运会、1964年东京奥运会和1984年洛杉矶奥运会上,棒球均作为表演项目进行展示。在这些表演项目的展示过程中,棒球运动逐渐被更多的国家和地区所了解和认识,其规则和比赛形式也在不断地完善和发展。

直到1992年巴塞罗那奥运会,棒球正式成为奥运会比赛项目,这一里程碑式的事件对棒球运动在全球范围内的普及和发展产生了深远的影响。各国纷纷加大对棒球运动的投入和支持,制定了长期的发展规划和战略。许多国家建立了专业的棒球训练基地和培训机构,加强了对青少年棒球人才的选拔和培养。例如,美国进一步完善了其棒球人才培养体系,从学校的棒球社团到职业棒球俱乐部的青训营,形成了一条完整的人才培养链条。日本和韩国等亚洲国家也加大了对棒球运动的投入,加强了与国际棒球界的交流与合作,引进了先进的训练理念和技术,提高了本国棒球运动的水平。在奥运会棒球比赛的历史上,美国、古巴、韩国等国家的球队表现出色,多次夺得金牌。美国队凭借其深厚的棒球底蕴和众多优秀的球员,在奥运会棒球比赛中多次夺冠,展示了其强大的实力。古巴队则以其顽强的拼搏精神和精湛的技术,成为了奥运会棒球赛场上的一支劲旅,多次与美国队展开激烈的争夺。韩国队在亚洲棒球运动的基础上,不断提升自身实力,在奥运会棒球比赛中也取得了优异的成绩,为亚洲棒球运动的发展树立了榜样。

然而,由于奥运会项目调整等多种原因,棒球在2008年北京奥运会后暂时退出了奥运会大家庭。这一决定对棒球运动的发展产生了一定的冲击,许多国家和地区不得不重新调整其棒球发展战略。但这并不意味着棒球运动在奥运舞台上的终结,近年来,国际棒球界一直在积极努力,推动棒球运动重返奥运会。国际棒球联合会(IBAF)与国际奥委会(IOC)进行了多次沟通与协商,积极展示棒球运动的魅力和发展潜力。同时,国际棒球界也在不断改革比赛规则、优化赛事组织等措施,以提高棒球运动在奥运会中的竞争力和吸引力。例如,对比赛的时间长度进行了调整,使其更符合奥运会的赛事安排;优化了比赛的计分规则,增加了比赛的悬念和观赏性;加强了对棒球裁判的培训和管理,提高了裁判执法的准确性和公正性。

(二)垒球在奥运会中的发展轨迹

与棒球密切相关的垒球运动同样在奥运会中有着独特的发展历程。垒球运动起源于美国,最初是作为一种室内棒球运动形式而出现的。它在发展过程中逐渐形成了自己的特点和规则,与棒球既有相似之处,又有一些明显的区别。例如,垒球的场地相对较小,球的大小和硬度也与棒球有所不同,比赛的节奏相对较快。

在1996年亚特兰大奥运会上,垒球首次成为奥运会正式比赛项目,美国队在首届奥运会垒球比赛中夺冠。美国队作为垒球运动的发源地,拥有着丰富的垒球人才资源和先进的训练理念。在比赛中,美国队凭借其出色的技术和战术配合,展现出了强大的实力,为垒球运动在奥运会中的发展开了一个好头。此后,澳大利亚、日本等国家的垒球队也在奥运会上展现出了强大的实力,为垒球运动的发展注入了新的活力。澳大利亚队在垒球比赛中注重团队协作和战术执行,其球员具备良好的身体素质和技术水平,多次在奥运会上取得优异成绩。日本队则将本土的棒球文化和垒球运动相结合,形成了独特的垒球风格,其细腻的技术和顽强的防守在奥运会垒球比赛中给观众留下了深刻的印象。

但同棒球一样,垒球也在2012年伦敦奥运会后暂时离开了奥运会舞台。尽管如此,垒球运动在世界范围内的爱好者和参与者依然众多,其重返奥运会的呼声也一直很高。国际垒球联合会(ISF)一直在积极推动垒球运动的发展,加强与国际奥委会的沟通与合作,努力争取垒球运动重返奥运会。同时,国际垒球界也在不断创新和发展垒球运动,通过举办各种国际赛事和推广活动,提高垒球运动的知名度和影响力。例如,举办世界垒球锦标赛、垒球世界杯等重要赛事,吸引了众多国家和地区的球队参加,促进了垒球运动在全球范围内的交流与发展。在推广活动方面,开展垒球进校园、进社区等活动,培养了更多的垒球爱好者和参与者,为垒球运动的可持续发展奠定了基础。

第二节 棒垒球运动的特点

一、竞技性与趣味性的完美融合：体育舞台上的魅力双璧

(一)竞技性：智慧与技艺的高强度对抗

棒垒球运动的竞技性犹如一场激烈的战略博弈，在赛场上，双方队伍围绕着得分与防守展开殊死较量。进攻时，击球手宛如战场上的先锋，其敏锐的观察力成为洞察投手意图的关键武器。在投手投出球的瞬间，击球手的眼睛如同精准的雷达，迅速捕捉球的飞行轨迹、速度变化以及旋转方向等细微特征。这需要长时间的训练和丰富的比赛经验积累，才能在瞬间完成复杂的信息处理与决策。例如，面对投手以极快速度投出的快速球，击球手必须在极短时间内判断出球的飞行路径，决定是否挥棒击球以及在哪个位置发力击球，以实现将球击向有利于己方进攻区域的目标。

而防守方同样毫不示弱，守场员们犹如坚固的防线，其跑位意识和移动速度是构建铜墙铁壁的基石。在击球瞬间，守场员们凭借对击球手习惯和力量的预估，迅速判断球的落点范围，提前进行精准跑位。他们的移动速度不仅要快，更要在高速奔跑中保持身体的平衡与稳定，以便在球到达的瞬间能够以最佳姿势接球。例如，外场手在面对可能的远距离高飞球时，需要在极短时间内判断球的落点，然后如离弦之箭般冲向目标区域，在奔跑过程中不断调整自己的速度和方向，确保能够在球落地前或越过自己头顶前成功接球。一旦接球成功，守场员们的传球能力便成为决定防守成败的关键环节。他们需要根据场上局势和跑垒员的位置，以最快速度将球传向目标垒位，传球的准确性要求极高，稍有偏差就可能导致跑垒员安全上垒或得分。

这种竞技对抗的悬念与不确定性贯穿比赛始终。每一次投球、击球和防守动作都可能改变比赛的走向。在比赛的紧张氛围中，双方队伍的

战术运用和临场应变能力成为决定胜负的关键因素。教练团队在场边密切观察比赛局势,根据对手的表现和己方队员的状态及时调整战术。例如,当发现对方击球手对某种类型的投球难以应对时,教练会指示投手改变投球策略,增加该类型投球的比例;而进攻方教练则会根据防守方的站位和战术安排,指挥击球手选择合适的击球方向和力度,为跑垒员创造更多的跑垒机会。这种在比赛过程中不断调整和博弈的过程,使得棒垒球比赛充满了智慧与技艺的较量,不到最后一刻,胜负的天平始终摇摆不定。

(二)趣味性:视觉与思维的盛宴

棒垒球运动的趣味性为观众和参与者带来了独特的体验。从视觉角度来看,球员们在赛场上的精彩表现构成了一幅幅令人热血沸腾的画面。击球手的强力击球瞬间,球如炮弹般飞离球棒,伴随着清脆的击球声,在空中划过一道优美的弧线,这一力量与美的展示让人惊叹不已。守场员的飞身扑救更是将运动的美感发挥到极致,他们不顾身体受伤的危险,在空中伸展身体,以极限的姿势去接住即将落地的球,展现出了极高的身体协调性和敏捷性。跑垒员的巧妙盗垒则充满了机智与灵动,他们在防守方的严密监视下,通过巧妙的起跑时机和快速的奔跑速度,成功抢占下一个垒位,为球队创造得分机会,这一系列动作犹如一场精彩的舞蹈表演,让人目不暇接。

除了球员的精彩表现,棒垒球运动复杂的规则和多样的战术变化也为其趣味性增色不少。其规则体系涵盖了比赛的各个环节,从击球、跑垒、接球、传球到各种特殊情况的判定,都有着详细而严谨的规定。对于观众和爱好者来说,深入研究这些规则就像是探索一座神秘的宝藏,每一次的理解和领悟都能带来新的乐趣。例如,在研究击球规则时,了解不同类型的击球方式以及相应的得分规则,能够让观众更好地理解球员在击球时的策略选择;而对于跑垒规则的深入探究,则能让人明白跑垒员在不同情况下的跑垒技巧和风险评估。

战术变化方面,棒垒球运动犹如一场没有硝烟的战争,教练和球员们如同战场上的指挥官和士兵,根据不同的战场形势制定并执行各种战术。进攻战术中,除了常见的击球跑垒配合,还有诸如牺牲触击战术、打而跑战术等多种变化。牺牲触击战术要求击球手故意用球棒轻触来球,将球缓慢地击向特定方向,以便跑垒员能够顺利推进到下一个垒位,而击球手则甘愿牺牲自己被封杀出局的机会。打而跑战术则是击球手在击球的同时,跑垒员立即起跑,通过击球手与跑垒员之间的默契配合,打乱防守方的节奏,创造得分机会。防守战术同样丰富多样,如内场的收缩防守战术、外场的接力传球战术等。收缩防守战术适用于比赛的特定局面,如当有跑垒员在三垒且少于两个出局数时,内场手会收缩防守范围,以防止跑垒员在本垒得分;接力传球战术则是在外场手面对远距离传球时,通过中间守场员的接力,将球更准确、快速地传向目标垒位。这些战术的运用不仅考验着球员们的技术水平,更需要他们具备良好的团队协作精神和战术执行能力,同时也为观众提供了丰富的观赏内容和预测比赛走势的乐趣。观众在观看比赛时,可以根据双方队伍的战术布置和球员的表现,推测比赛的下一步发展,这种参与感和悬念感使得棒垒球运动具有极高的观赏性和趣味性。

二、团队协作的深度体现:众志一心的体育交响

(一)进攻协作:多角色的默契联动

在棒垒球运动的进攻环节,击球手、跑垒员和教练员之间的协作如同精密仪器中的各个齿轮,相互配合,协同运转。击球手作为进攻的核心发起者,其任务远不止简单地将球击出。在每次击球前,击球手需要与教练员进行深入的沟通与交流,通过观察教练的暗号,了解当前的战术安排和场上局势。例如,教练可能根据对方防守队员的站位和状态,指示击球手采用长打战术或短打战术。击球手在接到指令后,需要迅速调整自己的心态和击球策略,选择合适的击球方式和方向。如果是长打战术,击球手则要集中精力,全力挥棒,力求将球击向深远的外场,为跑垒员创造更多的跑垒时间和空间;若为短打战术,击球手则要控制击球的力量和方向,

将球巧妙地击向内场的空档，以便跑垒员能够快速推进。

跑垒员在进攻中扮演着灵活机动的角色，他们与击球手之间的配合需要极高的默契。跑垒员时刻关注着击球手的击球情况，从击球手的准备姿势、挥棒动作到球的飞行方向和速度，都在他们的观察范围之内。一旦击球手将球击出，跑垒员必须迅速做出反应，根据球的落点和防守方的反应，决定起跑时机和跑垒路线。例如，当击球手击出一个高飞球时，跑垒员需要判断球的落点和被接住的可能性。如果判断球可能会被接住，跑垒员则要谨慎起跑，避免被防守方通过高飞球接杀造成双杀局面；若判断球可能落地或越过防守队员的头顶，跑垒员则要果断起跑，全力冲向目标垒位。在跑垒过程中，跑垒员还需要与击球手相互配合，进行牺牲打、盗垒等战术行动。在牺牲打战术中，击球手故意将球击向特定方向，吸引防守方的注意力，为跑垒员创造安全上垒的机会，此时跑垒员要准确理解击球手的意图，按照预定计划进行跑垒。盗垒战术则要求跑垒员具备敏锐的时机把握能力和出色的起跑速度，在击球手击球前或击球瞬间，突然起跑偷垒，给防守方造成压力，打乱其防守部署。

教练员在进攻协作中起着指挥中枢的作用。他们站在球场边，犹如战场指挥官，通过观察场上局势，制订详细的战术计划，并及时传达给击球手和跑垒员。教练员不仅要熟悉每个队员的技术特点和比赛状态，还要对对手的防守策略和队员能力有深入的了解。在比赛过程中，教练员根据不同的局面不断调整战术，如在比分落后时，可能会采取更加激进的进攻战术，鼓励队员冒险进攻；而在比分领先时，则会采取保守的战术，注重防守，确保胜利果实。同时，教练员还要在队员遇到困难或压力时，给予及时的鼓励和心理支持，帮助队员保持良好的竞技状态。

(二)防守协作：全方位的紧密配合

防守时，棒垒球运动中的投手、捕手和其他守场员之间的协作堪称天衣无缝，共同构建起坚不可摧的防守堡垒。投手作为防守的核心人物，其投球策略的制定和执行直接影响着防守的效果。投手需要在比赛前对击球手进行深入研究，了解其击球习惯、偏好的击球区域以及应对不同类型投球的能力。在比赛中，投手根据击球手的特点和场上局势，灵活选择投球手法和速度。例如，面对擅长击打快速球的击球手，投手可能会适当减少快速球的比例，增加曲线球或变速球的投出，以打乱击球手的击球节奏；当场上有跑垒员且局势紧张时，投手会更加注重投球的准确性和控制性，避免投出坏球导致跑垒员推进。同时，投手还需要与捕手密切配合，通过捕手的暗号指示，了解捕手对投球的要求和场上局势的判断。捕手作为场上的"指挥官"之一，在防守协作中发挥着重要作用。

  捕手在比赛中不仅要准确地接住投手投出的球，还要对场上局势进行全面的观察和分析。捕手通过观察击球手的准备动作、身体姿态以及眼神等细节，预判击球手的击球意图，并将这些信息及时传达给投手。在接球过程中，捕手要根据投手的投球类型和速度，调整自己的接球姿势和手法，确保能够稳稳地接住球，防止球落地或漏接导致跑垒员推进。同时，捕手还要负责指挥守场员进行防守站位和战术调整。当击球手击球后，捕手根据球的飞行方向和速度，迅速判断球的落点范围，通过大声呼喊和手势指示，指挥守场员进行跑位和接球准备。例如，当击球手击出一个地滚球时，捕手会根据球的方向指示一垒手、二垒手或游击手进行接球，并提醒其他守场员进行补位，防止跑垒员借机推进。

  其他守场员则是防守体系中的重要组成部分，他们根据捕手的指挥，迅速做出反应，准确地接球、传球，完成各种防守任务。内场手如一垒手、二垒手、三垒手和游击手，他们在防守时需要具备快速的反应能力和准确的接球传球技巧。一垒手主要负责守住一垒，在击球手击球后，迅速判断球的落点，跑向一垒接球，并在必要时进行封杀或触杀跑垒员；二垒手和游击手则负责防守内场的中间区域，他们需要在球击向该区域时，快速移动到位，准确地接球，并根据场上情况将球传向合适的垒位，如进行双杀或阻止跑垒员推进；三垒手则要守住三垒，防止跑垒员从二垒或本垒跑向三垒得分，同时在击球手击出三垒方向的球时，迅速接球并进行封杀或触杀。外场手包括左外场手、中外场手和右外场手，他们的防守区域较大，需要具备良好的奔跑能力和判断球落点的能力。外场手在防守时，要迅速判断高飞球或地滚球的落点,全力奔跑接球,并在接球后根据场上局势将球准确地传向内场的目标垒位,如将球传向本垒阻止跑垒员得分,或传向其他垒位进行接力传球或封杀跑垒员。在整个防守过程中,守场员们之间的补位意识也非常重要。当某名守门员进行接球或传球动作时,其他队员要迅速进行补位,防止出现防守漏洞,确保防守的完整性。例如,当一垒手离开一垒进行接球时,二垒手或投手要及时补位到一垒,防止跑垒员趁机上垒。

这种全方位的防守协作不仅体现了球员们之间的默契配合,更彰显了团队成员之间的相互信任和相互支持。在比赛中,无论面对多么强大的进攻压力,防守队员们都坚信彼此的能力,在每一次防守动作中都全力以赴。当出现失误或困难时,队员们不会互相指责,而是相互鼓励,共同寻找解决问题的方法,调整防守策略,继续投入比赛中。这种团队精神是棒垒球运动防守协作的核心所在,也是球队在比赛中取得胜利的重要保障。

三、对体能与技能的多元要求:全面发展的体育挑战

(一)体能要求:耐力、速度与力量的综合考验

棒垒球运动对参与者的体能提出了多维度的严苛要求,其中耐力是支撑球员在漫长比赛中保持良好表现的关键因素之一。一场标准的棒垒球比赛,尤其是在高水平的职业赛事或国际大赛中,比赛时长往往较长。例如,在职业棒球大联盟(MLB)的比赛中,一场比赛可能持续三到四个小时甚至更久。在这漫长的时间里,球员需要持续进行高强度的身体活动,包括频繁的奔跑、击球、防守等动作,且中间仅有短暂的休息时间。这就要求球员具备出色的耐力素质,以保证在比赛的各个阶段都能保持充沛的体力和高度的注意力。外场手在这方面面临着尤为严峻的考验,他们的防守区域广阔,在比赛过程中需要不断地在不同位置之间快速奔跑,以追逐高飞球或地滚球。例如,在一场比赛中,外场手可能需要多次从球场的一侧快速冲刺到另一侧,去接杀远距离的击球,这种高强度的奔跑对

他们的心肺功能和肌肉耐力是极大的挑战。为了提升耐力，球员们通常需要进行长时间的有氧训练，如长跑、游泳等，以增强心肺功能，提高身体的有氧代谢能力；同时，还会进行专项的耐力训练，如模拟比赛场景的长时间练习赛，让身体逐渐适应长时间高强度运动的负荷。

速度在棒垒球运动中同样起着举足轻重的作用，无论是跑垒员的起跑、冲刺速度，还是守场员的移动、传球速度，都直接影响着比赛的结果。对于跑垒员来说，从本垒到一垒的冲刺速度往往决定了其能否安全上垒。在职业比赛中，优秀的跑垒员从本垒到一垒的冲刺时间通常在四秒以内，这需要他们具备极强的爆发力和起跑速度。在防守方面，守场员的快速反应和移动速度能够在关键时刻及时阻止进攻方得分。例如，内场手在面对地滚球时，需要在瞬间做出反应，迅速启动并以最快速度跑向球的落点，准确地接球并进行传球，这一系列动作要求守场员具备快速的脚步移动速度和身体协调性。为了提高速度，球员们会进行专门的短跑训练，包括起跑训练、加速训练和冲刺训练等，同时还会进行敏感性训练，如通过设置各种障碍物，进行快速变向、转身等练习，以提高身体的灵活性和反应速度。

力量也是棒垒球运动不可或缺的体能要素。击球手需要具备强大的上肢力量，才能在击球时将球有力地击出，实现远距离的击球效果。在职业棒球比赛中，一些强力击球手能够将球击出超过 121.92 米的距离，这需要他们在上肢肌肉力量、核心力量以及身体的协调性方面都达到很高的水平。投手则需要强大的上肢力量和核心力量，以保证投球的速度和准确性。投手在投球时，需要通过上肢的快速挥动和身体的扭转，将力量传递到球上，使球以高速飞向击球手。例如，一些顶级投手的投球速度能够超过每小时 160.9344 千米，这需要他们具备发达的肩部、手臂和背部肌肉力量，以及强大的核心肌群来稳定身体，确保投球动作的准确性和重复性。守场员在接球和传球时，也需要借助身体的力量来完成动作。外场手在远距离传球时，需要全身协调发力，将球准确地传向目标位置。为了增强力量，球员们会进行系统的力量训练，包括上肢力量训练，如举重、俯卧撑、引体向上等;核心力量训练,如仰卧起坐、平板支撑等;下肢力量训练,如深蹲、跳跃等,通过这些训练,全面提升身体的力量素质。

(二)技能要求:多元技能的精准掌握

棒垒球运动涵盖了丰富多样的技能,要求参与者全面而精湛地掌握。击球技能是进攻环节的核心技能之一,击球手需要掌握正确的击球姿势、挥棒动作和击球节奏。正确的击球姿势是击球成功的基础,击球手对双脚的站位、身体的重心分布、双手握棒的位置和方式等都有严格的要求。例如,双脚应与肩同宽或略宽于肩,身体重心稍向后移,双手握住球棒的位置应根据个人身高和力量进行调整,以确保在挥棒时能够充分发力。挥棒动作则是将身体力量传递到球棒上的关键环节,挥棒时需要以身体的中轴线为轴,通过腰部的扭转、肩部的带动和手臂的挥动,将力量依次传递到球棒上,使球棒以最快速度挥动击球。击球节奏的把握同样重要,击球手需要根据投手投球的速度、类型和节奏,调整自己的挥棒节奏,在最佳时机击球。例如,在进行远距离传球时,要借助身体的扭转和下肢的蹬地力量,将力量传递到手臂和手上,使球能够飞得更远、更准;在进行近距离传球时,则要注重传球的速度和准确性,避免因传球力量过大或过小而导致失误。

跑垒技能是进攻方得分的关键环节之一,跑垒员需要掌握正确的跑垒路线、起跑时机、加速技巧和滑垒、偷垒等特殊动作。跑垒员在跑垒过程中,要时刻关注场上局势,根据击球手的击球情况和防守方的反应,灵活调整自己的跑垒策略。例如,在击球手击出地滚球时,跑垒员要判断球的滚动方向和速度,以及防守方的接球和传球动作,决定是继续向前跑垒还是暂停等待;在进行偷垒时,跑垒员要选择合适的时机,如在投手准备投球或投球动作尚未完成时,突然起跑,利用自己的速度优势抢占下一个垒位。滑垒是跑垒员在接近垒位时常用的一种动作,通过身体的滑行,可以更快地触垒,同时避免被防守方触杀。跑垒员需要掌握不同类型滑垒的技巧,如直线滑垒、勾式滑垒等,并根据实际情况选择合适的滑垒方式。

综上所述,棒垒球运动对体能与技能的多元要求,使得参与者需要进行全面、系统的训练,才能在比赛中发挥出良好的水平,展现出棒垒球运动的独特魅力与竞技价值。无论是体能训练中的耐力、速度和力量的提升,还是技能训练中的击球、投球、接球、传球和跑垒等技能的精研,都需要运动员们持之以恒地努力与不断地实践,才能在棒垒球的赛场上取得优异的成绩,同时也为观众带来精彩纷呈的体育盛宴。

第三节 棒垒球运动在中国的发展

一、早期引入与初步探索:西学东渐中的体育萌芽

(一)西方传教士与侨民的带动

20世纪初,棒垒球运动作为西方体育文化的代表之一,被传教士和外国侨民带到了中国的沿海城市与租界地区。上海,作为当时远东地区最繁华的国际化大都市,成为棒垒球运动在中国的重要传播地之一,并组建了棒垒球俱乐部。这些俱乐部拥有相对完善的设施和组织架构,定期举办内部比赛以及与其他团体的交流赛事。比赛场地通常位于专用体育场地,周围环绕着观众看台,这种新颖的体育竞技形式吸引了部分当地民众的好奇目光。

(二)学校与民间组织的尝试

20世纪20年代至20世纪40年代,随着中国教育的近代化发展以及民族体育意识的逐渐觉醒,一些学校和民间体育组织开始对棒垒球运动进行尝试性推广。在教育领域,部分具有先进教育理念的大学和中学率先将棒垒球纳入体育课程体系或课外活动项目。例如,清华大学和北京大学等高等学府,凭借其丰富的教育资源和开放的学术氛围,积极引入棒垒球运动。学校组织专业的体育教师进行棒垒球教学,为学生们提供了系统学习棒垒球技能和规则的机会。学生们在校园内组建了棒垒球队,通过课余时间的训练和校内比赛,逐渐掌握了棒垒球运动的基本要领。这些校园棒垒球队不仅在学校内部的体育活动中崭露头角,还积极参与

地区性的校际比赛,与其他学校的球队相互切磋技艺。这种校际的交流与竞争,为棒垒球运动在校园范围内的推广起到了良好的示范和推动作用,激发了更多学生对棒垒球运动的兴趣和参与热情。

与此同时,民间体育组织也开始关注棒垒球运动的发展潜力,并尝试举办面向社会公众的棒垒球赛事。这些民间组织多由一些热爱体育事业、具有社会责任感的人士发起成立,他们希望通过推广棒垒球运动,丰富民众的体育文化生活,增强民族体质。虽然这些早期民间赛事的规模相对较小,参赛队伍数量有限,赛事组织的专业性和规范性也有待提高,但它们为棒垒球运动在中国社会的初步探索奠定了基础。这些赛事吸引了来自不同社会阶层和职业背景的人群参与,包括学生、教师、商人以及一些体育爱好者等。通过参与比赛,人们对棒垒球运动有了更直观的认识和体验,逐渐打破了棒垒球运动仅属于外国人的刻板印象,为其在中国的进一步发展创造了有利的社会氛围。

二、当代现状与发展趋势:多元融合中的蓬勃兴盛

(一)竞技层面:国际化视野下的追赶与超越

进入21世纪以来,尽管中国棒球队和垒球队在国际大赛中的成绩存在一定的起伏,但国家始终坚定不移地重视高水平运动队的建设与培养,致力于提升中国棒垒球运动的竞技水平,缩小与世界强国之间的差距。在这一过程中,加强与国际棒垒球组织的交流与合作成为重要的战略举措。中国积极参与国际棒垒球联合会(IBAF)、世界棒垒球联盟(WBSC)等国际组织的各项活动,与国际同行保持密切的沟通与联系。通过参与国际组织的会议、研讨会等活动,及时了解国际棒垒球运动的发展动态、规则变化和技术趋势,为中国棒垒球运动的发展提供了宝贵的参考依据。

为了提高运动员和教练员的水平,国家采取了"请进来,走出去"的人才培养模式。一方面,积极引进国外高水平的教练和球员到中国执教和参赛。这些国外专家带来了先进的训练理念、科学的训练方法和丰富的比赛经验,他们深入中国的运动队,为运动员和教练员进行现场指导和培

训,帮助中国球队提升训练质量和比赛水平。例如,一些来自美国、日本等棒垒球强国的教练在国内球队中担任技术顾问或主教练,他们根据中国球员的特点和实际情况,制订个性化的训练计划,传授先进的战术技巧和比赛经验,对中国球队的战术体系和训练方法进行了全面的优化和升级。另一方面,选派优秀的中国运动员和教练员到国外著名的体育俱乐部、训练基地或高校进行学习和训练。这些运动员和教练员在国外的训练环境中,亲身感受和学习国际先进的训练模式和比赛氛围,与国外顶尖的运动员和教练员进行交流与切磋,不断拓宽自己的视野,提高自身的技术水平和综合素质。通过这种国际交流与合作,中国棒垒球运动在训练理念、技术方法、战术运用等方面逐渐与国际接轨,为在国际大赛中取得更好的成绩奠定了坚实的基础。

(二)群众体育:全民健身热潮中的普及与推广

在群众体育方面,随着中国经济的快速发展和人民生活水平的显著提高,人们的健康意识和体育消费观念发生了深刻变化。棒垒球运动以其独特的魅力和丰富的文化内涵,吸引了越来越多民众的喜爱和参与,逐渐成为全民健身热潮中的一颗璀璨明珠。在青少年群体中,棒垒球运动的普及程度不断提高。许多中小学和高校纷纷开设棒垒球课程或社团,将其作为学校体育教育的重要组成部分。学校通过聘请专业的体育教师或教练,为学生们提供系统的棒垒球教学和训练服务。在课堂上,学生们学习棒垒球的基本规则、技能和战术,通过实际操作和练习,逐渐掌握击球、投球、接球、跑垒等技术动作。在社团活动中,学生们组建棒垒球队,参加校内的比赛和联赛,与其他同学相互交流和竞争,培养了团队协作精神、竞争意识和体育兴趣。这种学校层面的推广和普及,不仅丰富了学生们的课余体育生活,也为中国棒垒球运动的未来发展培养了大批潜在的人才。

在社会层面,棒垒球运动也得到了广泛的推广和发展。一些城市和地区成立了业余棒垒球俱乐部、联盟或协会,这些民间组织成为广大棒垒球爱好者交流和互动的重要平台。俱乐部定期组织各类业余比赛和活动,如周末联赛、友谊赛、亲子赛等,吸引了不同年龄、性别和职业背景的人群参与。这些比赛和活动不仅为爱好者们提供了展示自己技艺的机会,也促进了棒垒球运动在社会各界的传播和普及。同时,一些企业也开始关注和支持棒垒球运动的发展,通过赞助比赛、提供场地设施或组织员工参与等方式,为棒垒球运动的推广注入了新的活力。例如,一些大型企业在内部成立了棒垒球队,组织员工参加业余联赛,不仅增强了员工的身体素质和团队凝聚力,也提升了企业的社会形象和文化氛围。

(三)产业发展:体育产业崛起中的机遇与挑战

随着中国体育产业的快速崛起,棒垒球运动相关的产业也迎来了前所未有的发展机遇。在体育用品制造领域,一些国内企业敏锐地捕捉到了棒垒球市场的潜力,开始涉足棒垒球器材、服装等产品的生产和销售。这些企业通过引进先进的生产技术和设备,加强产品研发和设计,不断提高产品质量和性能,逐渐打造出了一批具有自主知识产权和品牌影响力的棒垒球体育用品。例如,一些企业生产的棒垒球、球棒、手套等器材在国内市场上占据了一定的份额,并开始出口到国际市场,与国际知名品牌展开竞争。同时,随着消费者对个性化、时尚化体育用品需求的增加,企业还注重产品的外观设计和文化内涵挖掘,推出了一系列具有特色的棒垒球产品,满足了不同消费者的需求。

在赛事运营方面,专业的赛事运营公司开始关注棒垒球赛事的商业价值,积极举办高水平的棒垒球赛事。这些赛事不仅包括国内的职业联赛、锦标赛等,还包括一些国际邀请赛、商业赛事等。赛事运营公司通过与国内外体育组织、赞助商、媒体等合作,整合各方资源,对赛事进行全方位的策划、组织和推广。他们注重赛事的品牌建设和市场开发,通过打造具有影响力的赛事品牌,吸引了众多国内外球队和观众的参与。同时,通过与赞助商合作,为赛事筹集资金,实现了赛事的商业价值最大化。例如,一些赛事运营公司与知名企业签订赞助协议,企业为赛事提供资金支持,赛事则为企业提供品牌宣传和推广平台,实现了互利共赢。此外,赛事运营公司还注重赛事的媒体传播和市场推广,通过与电视、网络等媒体合作，对赛事进行直播和报道，提高了赛事的知名度和影响力，吸引了更多观众的关注和参与。

在体育培训领域，随着棒垒球运动的普及和发展，越来越多的人希望通过专业的培训提高自己的棒垒球技能。一些体育培训机构应运而生，推出了棒垒球培训课程。这些培训机构聘请了专业的教练团队，为学员提供系统、科学的培训服务。培训课程涵盖了棒垒球的基本技能、战术技巧、体能训练等方面，根据学员的年龄、性别、水平等因素进行个性化教学。培训机构还注重培训的趣味性和互动性，通过采用游戏化教学、模拟比赛等方式，激发学员的学习兴趣和积极性。同时，一些培训机构还与学校、俱乐部等合作，开展课外培训、假期集训等活动，为广大青少年提供了更多的学习机会。

在体育传媒方面，随着媒体技术的不断发展和体育市场的不断扩大，体育传媒机构也开始关注棒垒球运动的传播和报道。一些电视媒体开始增加棒垒球赛事的直播和转播频率，通过专业的解说和分析，为观众呈现精彩的棒垒球比赛。网络媒体也成了棒垒球运动传播的重要平台，一些体育网站、社交媒体平台等通过发布棒垒球新闻、赛事报道、技术分析、精彩视频等内容，吸引了大量的棒垒球爱好者关注和互动。此外，一些新兴的媒体技术，如虚拟现实（VR）、增强现实（AR）等也开始应用于棒垒球赛事的报道和传播中，为观众带来了更加身临其境的观赛体验。通过体育传媒的广泛传播，棒垒球运动的知名度和影响力得到了进一步提升，吸引了更多人参与到棒垒球运动中来。

综上所述，棒垒球运动在中国经历了从早期引入到逐步发展、再到遭遇挫折后复苏崛起的漫长历程。在当代，随着国家对体育事业的重视、全民健身热潮的兴起以及体育产业的快速发展，棒垒球运动在中国呈现出了多元化的发展趋势，在竞技层面、群众体育和产业发展等方面都取得了显著的成就。然而，我们也应该清醒地认识到，中国棒垒球运动在发展过程中仍然面临着一些挑战，如人才培养体系有待进一步完善、竞技水平与世界强国仍有差距、产业发展尚未成熟等。未来，需要政府、社会各界、企业、学校、体育组织等各方力量共同努力,加大对棒垒球运动的支持和投入,不断完善人才培养体系,提高竞技水平,推动产业发展,促进棒垒球运动在中国的持续、健康、快速发展,让棒垒球运动在中国这片土地上绽放出更加绚丽的光彩。

第二章 软式棒垒球的阐述

第一节 软式棒垒球的起源

一、棒球运动和垒球运动的发展历史

谈到软式棒垒球运动首先要了解板球运动与棒球运动的发展历史。根据史料记载,板球运动早在十四、十五世纪就已经在英国开始盛行,并随着英国人开拓美洲大陆的过程中延伸到美国东北部的各地区。

板球运动在发展过程中,在名称和打法的细节上表现出明显的地区性差异。最初的名称包括板球(Cricket)、圆球(Rounder)、市镇球(Town Ball)、垒球(Base Ball)等多种叫法。到了十八、十九世纪,板球这种球类活动在美国东北部各州已经达到相当普及的程度。

1839年,美国人窦布戴在借鉴板球比赛的基础上组织了第一场与现代棒球运动十分相仿的棒球比赛,比赛是在波士顿队和纽约队之间进行的。1845年美国人亚历山大·卡特赖特制定了第一部棒球竞赛规则,并正式启用了棒球(baseball)这一名称。因此说,现代棒球运动源于英国的板球(Cricket),而始创于美国。

棒球是一项高雅、时尚、具有国际影响力的体育运动项目,是集竞争性、娱乐性和观赏性为一体的运动项目,是美国的第一运动。棒球还堪称是日本的国球,风靡日本、韩国等。在美国、古巴、日本、韩国等棒球运动开展较好的国家和地区,人们热爱棒球运动,更崇尚棒球文化。棒球比赛动静结合,分工明确。棒球队员之间既强调个人的智慧和才能,又讲究团队的战略战术,集体的默契配合,必要时为顾全大局,个人要甘于牺牲自

我,被誉为"竞技与智慧的完美结合"。

现代垒球运动脱胎于棒球运动,正如棒球运动脱胎于板球运动一样。垒球运动是在1887年从室内棒球运动逐步演变发展形成一个独立的比赛项目。垒球运动的产生时间大约比棒球运动晚50年。1933年美国产生了第一部统一的垒球比赛规则,并将该运动正式命名为垒球(softball)。第二次世界大战结束后,垒球运动在美国进入到快速发展时期,当时的美国人称垒球为"人人参加的运动"。现在美国垒球协会每年会举办16项成人全国性垒球比赛和8项青少年全国性垒球比赛。

垒球运动自诞生之日起就与棒球运动结下了不解之缘,在后来的发展过程中垒球运动也始终与棒球运动保持着密切的联系,直至今日人们仍然习惯将这两项运动相提并论地称之为棒垒球运动。

二、现代棒垒球运动简介

现代棒垒球运动发展已有近百年的历史。在美国、日本、韩国等棒垒球运动开展较好的国家和地区,棒垒球是一项非常流行的体育运动,它充满娱乐性与趣味性,它需要参与的人数较多,所以它也是非常有利于促进人们相互交流的体育活动。

棒球运动和垒球运动都是在规定场地进行攻守对抗的球类运动。不同于其他绝大部分的球类运动,棒垒球是攻守分开的球类运动项目。即说,棒垒球比赛每队进攻的时候就是进攻,防守的时候就是防守;进攻的一方进攻得再差也不会失分,防守的一方防守得再好也不会得分。

棒垒球比赛场地包括内场和外场两部分,内场为正方形,由三个垒位和一个本垒板组成。垒球场地的各垒位之间相距18.29米(60英尺),而棒球场地垒与垒之间的距离为27.43米(90英尺)。在垒球比赛中,投球距离为12.19米(40英尺),而棒球比赛的投球距离为18.44米(60英尺6英寸)。棒球运动和垒球运动无论是场地器材设备、历史发展渊源还是比赛基本规则,都存在着极高的相似性。总体来说,垒球项目的技术难度、比赛激烈程度、对抗强度和比赛观赏性都要低于棒球项目。

棒球运动和垒球运动的规则既有很多相似之处，又有一定的区别。例如，垒球比赛一般采用七局制，而棒球比赛采用的是九局制。另一个很明显的区别就是，如果七局以后，两队仍是平局，垒球比赛规则规定，两队在附加赛时，在各自的进攻半局，直接在二垒安排一名跑垒员，跑垒员将从第二垒开始跑垒进攻，以增加得分机会。此外，垒球比赛在第一垒有一个安全垒，即附加在普通的白色垒旁边的橙色垒，用来避开冲撞。跑垒员必须跑到橙色的安全垒，而第一垒守垒员则必须跑到白色垒。垒球比赛的投手按规定只能低手投球，棒球比赛的投手则不受此规定限制。棒球比赛规则允许跑垒员偷垒，而垒球比赛规则规定在投手投球前在垒上的跑垒员必须踩垒，不能起跑偷垒。

三、棒垒球比赛中的场上位置介绍

棒垒球比赛是由"投球""击球""传球""接球"和"跑垒"5 个基本技术环节交织在一起组成的。每场比赛，每队各派先发的 9 名球员上场。进攻方的队员位置包括"击球员"和"跑垒员"两类。防守方 9 个人的守备位置分别是"投手""捕手""一垒手""二垒手""三垒手""游击手""左外场手""中外场手"和"右外场手"。

进攻时，进攻方的 9 个人会由教练员安排一个打击顺序，运动员从第一棒打到第九棒，第九棒打完又轮到第一棒。击球员在本垒位置通过击打对方投手投出的球，获得上垒机会，只要能够依次踏过一、二、三垒安全回到本垒即算攻方得到一分。守方则需要积极通过"投手三振""接杀""传杀""触杀""双杀"等技战术将攻方队员"杀"出局。一旦攻方累计 3 人出局，则攻守双方互换攻守位置。比赛两队各攻守一次记为一局，正式棒球比赛为 9 局制，正式垒球比赛为 7 局制。

(一)防守位置

1. 投手

位置在投手区，负责通过采用不同方式进行投球，以压制对方击球员的击球质量，保证本方的防守优势。通常情况下，一个队的主力投手是主宰比赛胜负最为关键的人物。

2. 捕手

位置在本垒,主要负责接本方投手的投球、接捕本方防守队员传向本垒的传球以及阻止三垒跑垒员冲抢本垒得分。同时还要负责把握比赛全局,调动防守阵型,预防跑垒员偷垒。

3. 一垒手

位置在一垒,主要任务是对击球员击向一垒方向的有效击球以及对本队其他防守队员传向一垒方向的传球进行及时准确地接捕,同时负责阻止击球员的上垒。

4. 二垒手

负责防守二垒,其职责在于接捕一、二垒间的有效击球,或者对本队其他防守队员的传球进行及时准确地接捕。由于二垒处在所有防守环节的枢纽位置,因此二垒手往往需要具有良好的大局观和上佳的传球意识,防守的责任最重。

5. 三垒手

负责对三垒的保护,主要任务是接捕三垒附近区域的有效击球以及要及时准确地接捕本队其他防守队员的传球。在棒球比赛过程中,三垒手经常要面对击球员击出球速极快的强劲平飞球或者是球速缓慢但弹跳运动轨迹多变的地滚球,因此三垒手的防守难度相对较大,三垒的守备位置又被称为防守危险区域。

6. 游击手

负责接捕二、三垒间的有效击球,要具有高度的灵敏性、较强的机动性、准确的判断和快速反应能力,主要任务是在比赛中做好辅助三垒手和二垒手,加强对二、三垒位的防守。

7. 左外场手

左外场手是在棒垒球运动中负责防守左外场的防守队员。由于比赛中绝大多数击球员为右手打者,而右手打者击打时偏向左外场的击球相对较多,因此左外场手应具备扎实的防守功底,主要负责三垒的补位或防止三垒的漏接球。

8. 中外场手

中外场手是在棒垒球运动中负责防守中外场的防守队员。由于中外场手需要守备的范围较大，跑动空间和距离相对较大，因此中外场手在选择上通常由队中速度较快、体能比较充沛、接球稳定性较高、时空判断能力较好的队员担任。

9. 右外场手

右外场手是在棒垒球运动中负责防守右外场的防守队员。与左外场手和中外场手比较，右外场手的防守压力相对较轻，主要负责接击球员打向右外场的高飞球和平飞球，同时准确判断并合理有效地处理右外场的安打球，必要时也需要协助中外场手防守中外场。

（二）进攻位置

1. 击球员

击球员是进入击球区准备后，通过有效击打对方投手的投球创造出攻垒机会，进而协助本队跑垒员不断进垒或者得分的进攻发起队员，又称为击打手。

2. 跑垒员

又被称为跑者，是指进攻球队已经攻占在垒包上的攻方队员。跑垒员在进垒时必须按逆时针方向依次触踏一垒、二垒、三垒垒包及本垒板，方可有效得分。若跑垒员因场上局面被迫返垒，仍须按照顺时针方向依次顺序返回垒位。

四、我国棒垒球运动的传入及发展情况

中国人打棒球的最早记载，是中国工程师詹天佑在美国耶鲁大学留学时（1877—1881）组织的"中华棒球队"。自那以后，众多从美国、日本归国的华侨及留学生陆续把他们在国外接触、了解到的棒球运动相关信息和收集到的棒球运动器材设备带回到国内。

垒球运动是1915年在上海举行的第三届远东运动会上，由菲律宾女子垒球队进行表演后传入我国的。早期传入我国的棒球运动对我国垒球运动的开展也产生了一定的积极影响。垒球也随之成为华北运动会、全国运动会的正式比赛项目。

近年来,经过我国棒垒球界有识之士长期不懈的努力,国内棒垒球运动爱好者人群逐年扩大。人们逐渐对棒垒球运动产生了较浓厚的兴趣,也具备了一定的比赛欣赏能力,这为棒垒球运动在我国的广泛开展奠定了基础。而随着我国学校体育教学改革的深入推广,棒垒球运动也逐渐成为国内学校体育课程资源的重要内容。据不完全统计,目前全国已有100多所普通高校,1000多所中小学在开展不同级别、不同类型的棒垒球运动,棒垒球运动正为越来越多的大、中、小学生所喜爱和关注。

通过几代棒球人的默默耕耘与努力拼搏,中国棒球水平已经达到亚洲一流,棒球国家队具备了挑战世界强队的实力。目前我国北京、天津、江苏、广东、四川、上海、河南等地区棒球运动开展情况较好,各省市的棒球专业队水平较高,棒球群众基础较好。

棒球运动在辽宁曾经开展得特别好,尤其是在大连市开展得尤为普及,从20世纪80年代到20世纪90年代,从儿童少年到青年、成年每一个年龄组的棒球队,都获得过至少两次全国冠军。在20世纪90年代初期,大连还拥有各级别的棒球联赛,也到日本出访比赛过多次。那个时候,大连市的8所高校、6所中学和4所小学有常年坚持训练的棒球队,每年还有固定的联赛,大连运动员最多曾经有9人同时进入国家棒球队。

五、"软式垒球"和"TEEBALL"

"软式垒球"在国际上的英文名称为"TEEBALL",20世纪40年代起源于美国,至今已有70多年的发展史,是棒垒球运动的启蒙运动,也可称之为启蒙游戏。"软式垒球"运动是由棒垒球运动中一种击打固定球的训练方法衍生出来的,这种击打固定球的比赛形式降低了初学者参与棒垒球运动的难度,同时大幅提升了初学者参与棒垒球运动的兴趣。

1958年美国成立了首个Tee Ball垒球联盟,随后加拿大等国家也相继成立 Tee Ball 垒球组织。Tee Ball 垒球由美国的霍布斯博士发明,并于 1970 在美国进行了官方注册,同年美国举办了首届世界 Tee Ball 垒球赛事。

"软式垒球"运动原来是为推广棒垒球而设计,而它的竞争性和趣味性都可以和正规棒垒球相媲美。可以说,"软式垒球"项目集跑、跳、投、打于一体,能够全方位地锻炼参与者的身体素质,比赛时强调运动员机敏的反应能力,有效培养了队友间相互配合的团队协作精神,是一项非常有益于青少年身心发展的阳光体育运动。

六、"软式棒垒球"的命名

"软式垒球"英文名称为"Tee ball"。"Tee ball"项目自 2006 年引入我国并正式命名为"软式垒球"以来,受到了社会各界的广泛关注并吸引了国内众多青少年积极参与。为进一步提升项目影响力并为我国棒垒球事业的发展奠定更为广泛的基础,经国家体育总局手曲棒垒球运动管理中心研究决定:自 2014 年 6 月 1 日起,正式将"软式垒球"更名为"软式棒垒球"。

第二节　软式棒垒球的器材

一、球

软式垒球的周长是 30.4 厘米(12 英寸),软式棒球的周长是 22.8 厘米(9 英寸)。软式棒垒球比赛用球的大小一般采用垒球的大小尺寸,球的颜色多采用室外环境可视度相对较高的橘色或黄色。

软式棒垒球的球体一般是由发泡材料制成,球身表面光滑、柔软而富有弹性。软式棒垒球的安全性极佳,球无意间击中人体或物体都不会对其造成任何伤害。因为软式棒垒球的球体质量较轻,受空气阻力的影响,即使击球员用全力击打其空中飞行的距离也不会太远。

二、球棒

软式棒垒球的球棒一般是由硬泡沫包裹橡胶棒制成,球棒分为棒身和握柄两部分,周身圆滑没有棱角。

球棒击球部位硬泡沫的质地软硬适中,既有利于击球员击出相对较远距离的击球,又保证了器材无意间接触到人体的安全性,可以说是兼顾了打击力量和安全性两方面。

三、打击底座

因外观看起来像一个倒置的T形,软式棒垒球的打击底座也常被称为T座。T座一般是由底座和置球座两部分组成,都为橡胶材质制成。置球座是中空的管状物,击球员击球前将球放在置球座上,可以上下调节置球座的高度,选择最适合自己的高度击球。

打击底座规格一般分为单孔T座、三孔T座以及五孔T座,其中软式棒垒球训练和比赛都使用的是单孔T座,三孔和五孔T座一般是用于正规棒垒球训练的辅助设备。

四、垒包

软式棒垒球比赛使用的垒包以便携式为主,包括一个本垒板(白色)和三个双色垒包,常用的是橘色(或者黄色)和白色双色垒包。垒包的材质多为橡胶,具有轻便、易清洁、防滑等特点。

软式棒垒球的双色垒包一般分为分体式和连体式两种。软式棒垒球的正规比赛常用的是连体式垒包。分体式双色垒包一般常用于低年龄段的幼儿、低年级的小学生或者软式棒垒球初学者的训练和比赛,进攻垒包和防守垒包的距离可以任意调整,主要目的是防止跑垒员和守垒员发生不必要的身体接触,尽可能降低发生运动损伤的风险。

五、手套(选配)

软式棒垒球比赛一般要求参赛运动员必须徒手传接球,其基本技也是以徒手传接球为主。随着软式棒垒球运动的不断发展,为了提高软式棒垒球比赛的观赏性和竞技性,在保留传统徒手软式棒垒球比赛的同时,增加了佩戴手套进行的软式棒垒球比赛。

第三节 软式棒垒球的项目特点

一、安全系数高

软式棒垒球项目使用的器材设备本身极具安全性。软式棒垒球的球是软的,击球棒也是软的,打击底座、双色垒包等相关器材和设备均采用弹性安全材质,极大地降低了参与者因器材原因发生运动损伤的风险。

同时,在软式棒垒球教学和比赛过程中,根据竞赛规则攻守双方没有任何身体冲撞,只要参与者认真执行软式棒垒球运动项目规则就不会出现因肢体碰撞造成的运动伤害。

学生的身心安全是学校选择开展体育运动项目的重要因素之一,鉴于软式棒垒球项目运动器材设备较高的安全系数以及规则规定的非身体接触型攻防对抗,软式棒垒球项目非常适合在校园内开展,学生们可以无忧无虑的尽情享受棒垒球运动的乐趣。

二、硬件要求低

正规的棒垒球比赛用球都是硬式的,运动员一旦被球击中往往会造成比较严重的身体损伤,因此正规的棒垒球比赛场地必须是全封闭式的。比赛一开始场地内就不允许有无相关人士,为了避免不必要的意外伤害,进攻队员、防守队员和裁判员一般需要佩戴相应的护具。

软式棒垒球对场地的要求就相对没有那么严格,无须封闭。因为软式棒垒球对人体基本没有伤害性,运动员在软式棒垒球比赛过程中完全不需要佩戴护具。软式棒垒球对比赛场地的大小也没有十分严格的限定,篮球场或者一小块空地都可以进行一场开心的软式棒垒球比赛。

此外，软式棒垒球的教学器材配备价格与专业棒垒球器材相比十分低廉，且在日常的软式棒垒球教学、训练或者比赛过程中，除了球和球棒之外的垒包和打击T座等器材设备完全可以用其他教学器材代替，大大降低了学校开展软式棒垒球项目的器材经费投入。

三、教学上手快

正规棒垒球比赛的规则非常复杂，除了棒垒球专业人士，普通人很难看得懂。软式棒垒球的规则与正规棒垒球规则相比简化了很多，可以让初学者在较短的时间内理解并接受。

因为软式棒垒球规则相对简单，在没有复杂规则限定的情况下软式棒垒球的教学方式就比专业的棒垒球教学更加丰富。在软式棒垒球的教学和训练过程中，教练员经常会运用多样化的游戏导入提升学习兴趣。

正规棒垒球的教练员很缺乏，因为棒垒球运动的训练对教练员的要求非常高，必须受过专业的系统性训练才能胜任，但软式棒垒球就没有这样高的要求，所以教练员的培养更容易，培养周期也更短，更容易普及。

四、参与人数多

软式棒垒球运动项目安全性高、游戏性强、运动强度适中、比赛规则简单，众多有利因素的叠加无形中大大降低了学习软式棒垒球的门槛，增加了软式棒垒球项目的参与人数。同时，各式各样的软式棒垒球游戏也使得越来越多的参与者乐在其中。

软式棒垒球的比赛形式更加灵活，因为受场地和器材的限制很小，给了软式棒垒球项目发展更大的操作空间。例如，在一个较大的场地中可以同时进行多场比赛，而每场比赛的上场人数也可以根据情况自由增减，极大地提高了软式棒垒球运动的参与性。

五、锻炼价值大

参与棒垒球运动要求运动员具备跑跳投打的综合能力。在进行各项软式棒垒球基本技术的练习过程中,学生能够全面锻炼到跑、跳、投掷、打击等多项基本身体运动能力。

软式棒垒球教学比赛过程中,动静结合、运动量适宜,运动员往往要时刻观察场上形势做出是否跑垒的正确判断,既有身体负荷,又有心理负荷;既培养了学生个人顽强坚忍的意志品质,又树立了团队精神和协作意识。软式棒垒球项目对身心发展并重,锻炼价值较大,符合体育与健康课程标准全面锻炼学生体质,培养学生身心健康发展的要求。

第四节　校园软式棒垒球项目的开展现状

一、开展软式棒垒球的意义

软式棒垒球是一项通过修改部分竞技棒垒球规则和器材设备的条件、材质等,设计出适合儿童青少年身心发展的新兴运动。软式棒垒球项目集跑、跳、投、打于一体,比赛规则简单、场地条件要求低、可参与人数多,并且安全性和趣味性极高,是一项十分适合在校园中开展的运动项目。

教育在儿童青少年成长过程中有着重要作用,人的身心发展所经历的过程和形式,同一切事物一样,是一个从低级到高级、从简单到复杂、从量变到质变的过程,教育者对儿童青少年教育得当,就易于形成和解决心理发展过程中的矛盾,促进儿童青少年的成长。

软式棒垒球项目对发展学生的灵敏、力量、速度、耐力等综合性身体素质,完善学生的人格、培养学生团队合作精神和促进学生身心健康都有着重要影响。目前在美国、日本、澳洲、新西兰等国家,软式棒垒球运动在青少年教育领域中得到了广泛开展并且得到教育界一致的好评。虽然软式棒垒球运动在中国才刚刚发展几年,却也得到了教育界和体育界人士的广泛关注,全国各地已经有几百所学校将软式棒垒球列入体育课程之中,中国教育学会也将软式棒垒球列入"十一五"规划课题。软式棒垒球运动对我国儿童青少年的身心发展发挥着越来越重要的积极作用。

软式棒垒球是一项智慧与技术融合一体的体育项目。它集智能、体能和团队精神于一身,全面均衡地发展学生的身体机能。软式棒垒球运动不仅可以增强学生体质、促进学生身体健康,而且可以培养学生勇敢拼搏、灵活机敏、协调一致的团队精神,非常适合在中小学校园开展。近年来,软式棒垒球运动正是以其有利于强健体魄、锻炼意志品质、培养团队精神,安全性高、趣味性强、易于开展等特点,迅速在我国中小学开展起来。

在我国中小学校园中开展软式棒垒球项目符合"健康第一"的体育与健康课程改革指导思想,是以新一轮体育与健康课程改革实践为切入点,有利于推动各级各类学校"阳光体育运动"的深入开展,有利于贯彻落实"中央7号文件"精神,切实提高学校体育课教学和"大课间"体育活动的质量,有利于培养学生实现"终身体育"的目标。

开展软式棒垒球项目有利于促进我国中小学《体育与健康课程》的教学改革,进一步丰富体育课堂教学内容和手段,导入新兴运动项目教学模式,以课堂教学改革为龙头带动学生课中、课间、课后、校外体育锻炼。

开展软式棒垒球项目有利于弘扬体育精神,提升学生的竞争意识和团队协作能力,培育生动活泼、勇敢进取、乐观开放的校园棒球特色体育文化。

开展软式棒垒球项目有利于创建优秀校本特色体育课程,促进体育教师专业化发展和多元角色转化,为学校打造特色教育品牌,提高社会影响力,有利于加强"体教结合",发挥社会力量为学校体育的发展提供良好的条件。

二、我国中小学校园软式棒垒球的开展现状

2008年,软式棒垒球项目被列入中国教育学会"十一五"科研规划课题《中小学体育与健康课程资源开发与推广研究》进行系统性多元化研究。课题的研究结论表明,软式棒垒球运动非常适合在我国中小学校园

开展,能有效促进学校全面推进素质教育和推动阳光体育运动。

中国垒球协会与中国教育学会体育与卫生分会联合推进软式棒垒球进入中小学体育课堂,联合指导全国中小学软式棒垒球体育教学活动,联合举办全国软式棒垒球竞赛和交流活动,联合做好软式棒垒球教练员(教师)培训考核和管理,联合开展软式棒垒球国际交流。自此,软式棒垒球运动在我国中小学校园进入了快速发展期。2009年,我国开展软式棒垒球项目的学校为180多所。2010年,我国开展软式棒垒球项目的学校达到了500多所。

为了更好地促进软式棒垒球的普及推广,让更多青少年学生通过参与软式棒垒球运动快乐健康地成长,2009年"全国软式棒垒球锦标赛"正式设立,并于当年7月在北京举行了首届比赛。此后,国家体育总局手曲棒垒球运动管理中心与中国教育学会体育与卫生分会每年都会举办全国软式棒垒球锦标赛和夏令营,并在各地举办全国软式棒垒球锦标赛地区分站赛等活动。

2015年,全国软式棒垒球夏令营暨全国软式棒垒球锦标赛在内蒙古自治区鄂尔多斯市东胜区东联现代中学开幕,本次大赛吸引了来自全国的101所学校的115支参赛队参赛,参赛教练员、运动员达到2100多人,分14个组别,共283场比赛——这是我国有史以来规模最大的一次全国中小学生棒垒球比赛。夏令营活动包括软式棒垒球单项技能游戏比赛、软式棒垒球体验展示活动、软式棒垒球研讨会、教师论文案例和学生优秀书画作品展示等,参赛运动队还将进行节目会演,充分发挥软式棒垒球项目教育功能。

软式棒垒球运动在国家体育总局手曲棒垒球运动管理中心、中国教育学会体育与卫生分会、中央教科院、北京师范大学体育与运动学院等多方面的大力支持下,经过多年的发展,赢得了众多专家学者的高度评价,为丰富学校体育教学打下了坚实的基础,同时也为中小学体育教育工作者提供了广阔的发展空间。今后将有更多的中小学体育教师参与到软式棒垒球运动当中来,为增强学生体质、深化体育教育改革作出更大的贡献。

第三章 软式棒垒球的基本技术

任何一项体育运动都有其特有的技术体系。校园软式棒垒球的基本技术是指在软式棒垒球比赛中,为了达到一定的攻防目的而采用的专门性动作。学生学习与掌握软式棒垒球的各项基本技术,是进行软式棒垒球教学比赛和提高软式棒垒球运动欣赏水平的重要前提与基础。

软式棒垒球的基本技术分为进攻技术与防守技术两大部分。本章第一节和第二节着重从"传球技术"和"接球技术"两方面对软式棒垒球的防守技术进行阐释;第三节和第四节着重从"击球技术"和"跑垒技术"两方面对软式棒垒球的进攻技术进行介绍。

第一节 软式棒垒球的传球技术

软式棒垒球基本规则规定比赛过程中投手不需要投球(但投手仍然参与防守,软式棒垒球的投手也称为自由人,防守位置在内场中心),击球员击打放置在 T 座上呈静止状态的球。正规的棒垒球比赛中防守方最重要的防守手段就是投手的投球。因此,在没有投球技术的情况下,传球技术和接球技术就构成了软式棒垒球运动的基本防守技术。软式棒垒球比赛的防守方需要通过不同位置防守队员之间娴熟的传、接球技术组织防守阵线。

传球技术是软式棒垒球最基本也是最重要的技术之一。学生传球技术的好坏直接影响着软式棒垒球比赛的过程和比赛的结果。传球技术主要分为肩上传球、体侧传球和低手传球三类。肩上传球是软式棒垒球比赛中最常采用的传球技术,也是最容易掌握的,但仍需要学生坚持练习才能达到较高水平。

一、握球

软式棒垒球的握球方法主要有两指握球法、三指握球法和四指握球法三种。大部分的软式棒垒球运动员通常都会采用两指握球法,力量较弱或手掌偏小的学生也可以采用三指握球法。在实际传球时,这三种握法相差无几。下面着重介绍软式棒垒球的"两指握法"握球要领:

1. 食指和中指放在球体的上部,两指分开约一指宽,球在食指和中指的指根部位。

2. 拇指在球体的下方,位置对准食指与中指中间。

3. 无名指与小指于球体侧下方,自然屈指扶持球体。

4. 握球要放松。不要握得太紧太死;不要完全握在掌心;不要贴紧虎口,不要留有空隙。

二、肩上传球

肩上传球是一种以肩部发力为主的传球形式,是众多传球技术中运用频率最高的一种传球方法,多用于内场手之间、内外场手之间的中远距离传球。这种传球方法可使球体在空中飞行时伴有强烈的下旋转,传球路线较为平直、有力,球的稳定性较好,传球的准确性较高。其技术动作主要包括准备姿势、起动动作、发力动作和结束动作四个阶段。

(一)准备姿势

1. 持球队员侧身面对传球目标站立,两脚分开与肩同宽,双膝微微自然弯曲,脚尖内扣。

2. 双眼正视传球目标,双手持球,置于胸前。

(二)起动动作

1. 分手,两臂如钟摆经体前放松抬起,如同两臂侧平举一样,身体呈"大"字形,掌心向下。

2. 身体重心移向支撑腿(右腿),前导腿(左腿)抬起,前导腿的大腿平行于地面。

(三)发力动作

1. 前导脚自然下摆,向前伸踏,身体重心前移。
2. 支撑脚(右脚)前脚掌蹬地发力旋转,脚尖指向传球目标,脚跟抬起。
3. 转髋转体,前导臂迅速屈臂收向腰侧加速身体旋转,带动持球臂前摆,大臂、小臂、手腕、手指依次用力,如同鞭打动作。
4. 肘要平于肩或高于肩,大臂与小臂成90°。
5. 出球点在身体前上方,出球时用食指、中指拨球。
6. 前导脚落地时,前脚掌外侧指向传球目标。

(四)结束动作

1. 球一旦与手脱离,肩关节、大臂、小臂以及手掌应随身体惯性送出自然落下至身体左下方。
2. 传球臂(右臂)随摆摆向伸踏腿(左腿)膝部,上身自然前倾,两脚左右开立,与肩同宽或略宽于肩,两手自然放于胸前,同准备接球姿势。

三、体侧传球

当传球员接住的地滚球低于腰部且时间非常紧迫时,可以采用体侧传球的方式。体侧传球时球往往容易产生侧旋,不利于队友接球,一般多用于紧急情况时内场的传接。

体侧传球动作主要是依靠肩、肘关节的发力完成的。接球时,传球员可采用低位接球的方式。接球后,传球员立刻微屈膝关节,采用体侧水平引臂的方式将球引至体后,手肘关节不可提起。传球时,传球员后脚蹬地,身体重心由后向前平稳过渡,并拧腰向前。与此同时,传球臂保持微屈,顺势从后向前传球,并在身体侧前方出手,传球动作要尽量简洁。

四、低手传球

低手传球是传球手在接住膝关节以下的来球或地滚球时,为了及时将球传出去的一种简化的传球方法。低手传球动作多用在球的落点出现在垒位附近时的近距离传杀或双杀配合中。

软式棒垒球的低手传球技术要求传球员两脚自然开立,膝关节微微自然弯曲,身体前倾正对传球方向。接球时,接球员尽量以正手低位接球的方式进行。传球时,传球员右腿主动蹬地,重心平稳移至左脚,同时腰部扭转加以配合,右臂竖直将球送至体侧前方,并拨指将球送出,球体产生上旋。球体运行的方向、速度和旋转主要依靠传球队员挥动小臂、屈腕的协调发力来实现。

五、辅助练习

(一)两指握球练习

1. 基本姿势

两指握球主要是用食指和中指来握住球。将球放在手指尖的位置,拇指在球的一侧起辅助支撑的作用。食指和中指要自然地弯曲,把球卡住,球的中心位置大致在食指和中指的第一指节和第二指节之间。

以右手投球为例,食指和中指放在球的缝线(球面上的缝合线)上,这样可以更好地控制球的旋转和方向。一般食指放在球缝线的稍上方,中指放在稍下方,两指之间有一定的间隙,间隙大小根据个人手型和舒适度调整,但不宜过大,以免影响对球的控制。

2. 握球深度

握球不能过深或过浅。如果握球过深,手指对球的控制灵活性会降低,投球时难以产生足够的旋转和速度变化。例如,当手指陷入球内过多,在发力投球时,手指很难快速地拨球,导致球的飞行轨迹比较单一。

而握球过浅,球容易在手中滑动,在投球过程中可能出现脱手的情况。比如,球只靠指尖轻轻触碰,在快速的投球动作中,球很可能因为无法稳定抓握而滑落。

(二)手指拨球练习

1. 基本姿势

(1)站立姿势

双脚与肩同宽,身体微微前倾,膝盖微微弯曲。这样的姿势可以保持身体平衡,并且为手指拨球动作提供稳定的支撑。例如,就像准备跑步的

第三章 软式棒垒球的基本技术

起跑姿势一样,重心稍微靠前,但要保证能够站稳。

(2)持球姿势

用手指自然地握住球,手指分布要均匀。对于垒球,一般是用食指、中指和无名指放在球的一侧,拇指放在另一侧,小指辅助支撑。棒球的握法类似,但因为球稍小,手指的包裹感会更强。球要握稳,不能太松导致球容易滑落,也不能太紧影响手指的灵活运动。

2.练习步骤

(1)正面拨球

从基本的持球姿势开始,将球放在胸前位置。用手指的力量,主要是食指和中指,轻轻地向前拨球。拨球时,手指要快速地发力,将球向前推出一个较短的距离,大约0.5—1米。

注意动作要连贯,拨球后手指要顺势放松,就像弹钢琴时手指按下琴键后自然回弹一样。每组练习可以进行10—15次,每天进行3—5组。

(2)侧面拨球

身体保持站立姿势不变,将球放在身体一侧,比如右侧。然后用手指向左侧拨球,手指发力方向是水平向左。此时,拇指和食指在拨球过程中起到主要的控制作用,将球拨到身体另一侧的适当位置,距离可以根据自己的控制能力调整,大概在0.8—1.2米。

这个动作可以锻炼手指在侧面方向上对球的控制能力,同样每组练习10—15次,3—5组为一天的训练量。

(3)向下拨球

把球举到头顶上方,用手指的力量将球垂直向下拨。主要靠中指、无名指和小指来控制球的下落方向和速度。球下落的高度可以从较低的位置开始,比如距离地面0.3—0.5米,随着控制能力的提高,逐渐增加高度。

每次练习可以拨球8—12次,进行4—6组。在练习过程中,要注意观察球的下落轨迹,尽量让球垂直下落,并且落地位置相对固定。

(4)旋转拨球

这是一个比较有难度的练习。双手持球,手指发力让球在手中做旋转运动。可以先从顺时针方向开始,用手指轻轻地推动球的边缘,使球在手中缓慢旋转。

熟练掌握顺时针旋转后,再练习逆时针旋转。这个动作主要是锻炼手指对球全方位的控制能力,每次旋转 10—15 圈为一组,每天进行 3—4 组。

第二节　软式棒垒球的接球技术

接球技术是软式棒垒球最基本也是最重要的技术之一。防守队员接球时,双手五指自然张开,接球瞬间,双手正对来球,并尽量放松肘关节、手腕关节和手指关节。

本节将分别介绍面对平直球、地滚球和高飞球三种不同来球的接球方法。需要强调的是,无论哪一种接球方法都要求是双手接球。

一、接平直球

(一)准备动作

双眼正视来球方向,两脚开立与肩同宽或略宽于肩,双膝微曲,脚尖内扣,两手自然张开,两拇指相抵呈八字,十指指尖向上,放于胸前,两肘自然弯曲垂于身体两侧。

(二)接球动作

1. 接高于腰部的球

左手掌心正对来球,五指微屈,指尖向上;手触球的一瞬间,左手稍向后缓冲,右手跟上捂住来球。

2. 接低于腰部的球

左手指尖向下,身体重心适当降低;其他要点与"接高于腰部的球"相同。

3. 接身体两侧的球

接球原则上都要通过脚步的移动,尽量保持身体正面接球,这样便于衔接下一步的传球动作;如果身体移动来不及正面对球,一定要保证脸部正面对球,不受其他接球姿势的限制,以接住来球为准。

(三)注意要点

1. 两眼紧盯来球,直到接到球为止。

2. 接球时两臂不要伸得太直,也不能过于贴近身体。

二、接地滚球

在软式棒垒球比赛中,经常会出现地滚球。由于地滚球受多种因素的影响,其滚动轨迹有着明显的不稳定性。所以,接地滚球技术对于儿童青少年学生具有一定的难度。

当接球员运用地滚球技术进行防守时,必须对地面反弹球的特性有较准确的判断和快速的反应。影响地滚球滚动轨迹的因素较多,如球体的旋转类型与程度、球体表面的粗糙程度以及地面硬度与场地的平整程度等。因此,接地滚球是软式棒垒球运动平时训练的重要内容,也是比赛场地适应的一个必要环节。

(一)准备动作

正面对球,两脚开立略宽于肩,左脚稍前右脚稍后,脚尖内扣,屈膝,上身前倾,臀部平于膝部或略高于膝部,重心置于双脚前掌,双手自然放在双膝之间,两眼盯球。

(二)接球动作

1. 双手前伸,指尖触地并垂直于地面,右手置于左手上方,准备保护。

2. 接球的位置位于两脚正前方或略靠近左脚,两手几乎同时触球,动作如同双手捧水,接住球后迅速将球收向腹部,重心不可抬起,右手持球,以便衔接传球动作。

(三)注意要点

1. 在整个接球过程中,双眼始终盯着球,一直到球被接住。

2. 接球手接球时始终在身体前方,在眼睛容易看得到的地方接球。

3.如需移动接球,要根据球的滚动速度提前降低重心,认真做好接球的准备姿势。

4.提前判断地滚球的速度和弹跳规律,再决定向前还是向后;接地滚球的原则是尽力地向前接,尽量缩短接传球的时间。

三、接高飞球

(一)准备动作

面对来球,两脚开立,与肩同宽或略宽于肩,左脚稍前,脚尖内扣,两膝微曲,抬头两眼盯球。

(二)接球动作

两手稍稍抬起,位于视线下方,左手接球,右手保护,接到球后两手护球,顺势收向右肩,既缓冲来球又便于衔接传球动作。

(三)注意要点

1.首先是要判断球的落点并迅速移动,跑动时不要反复转身,尽量保持视线平稳。

2.接球手不要挡住或干扰视线。

四、辅助练习

(一)两人抛接球练习

1.近距离直抛直接练习

距离和高度:两人相对站立,距离约5-8米。抛球的高度控制在接球者腰部到胸部之间。这个距离和高度比较适合初学者,能够让接球者有足够的时间来反应和接球。

动作要领:

抛球者:双手持球,手指自然分开,拇指相对成"八"字形,将球放在胸前略低的位置。利用手臂的力量,将球平稳地向前抛出,动作要柔和,尽量让球以直线的方式飞向接球者。抛球时,身体可以稍微向前倾,同时脚步可以有一个小的前踏动作,以增加抛球的力量和稳定性。

接球者:双脚分开与肩同宽,膝盖微微弯曲,身体重心稍向前倾。眼睛注视着抛球者手中的球,双手将手套放在身前,手套的掌心对着抛球者。当球飞来时,用手套去迎接球,手臂顺势后引缓冲球的力量。接球后,迅速将球从手套中取出,准备下一次接球。

练习频率和组数:开始时可以每组进行20－30次抛接,每次练习3－4组。随着熟练程度的提高,可以适当增加每组的次数和组数。

2.斜抛斜接练习

角度和距离:两人的距离依然保持在5－8米左右,但抛球方向可以从正前方变为斜前方(如向左前方或右前方45度左右)。球的高度可以适当提高,大约在接球者胸部到肩部之间。

动作要领:

抛球者:在抛球时,身体要向抛球方向转动,手臂从身体一侧斜向上方抛出球。例如,向左前方抛球时,身体左转,手臂从右侧斜向左上方抛出。抛球的力量要根据角度和距离进行调整,保证球能够准确地飞向接球者。

接球者:接球姿势要相应调整,身体也要向球飞来的斜方向转动。手套的位置要根据球的高度和角度提前预判,移动脚步,使自己能够正对着球接球。接球的动作和直抛直接类似,通过手臂和手套缓冲球的力量。

练习目的和提升效果:这种斜抛斜接练习可以提高球员在不同方向接球的能力,以及对球的飞行轨迹变化的判断能力。对于在比赛中应对各种角度的来球非常有帮助。

3.高低抛接练习

高低变化范围:两人距离是5－8米,抛球者先进行低抛,球的高度在接球者膝盖左右,然后进行高抛,球的高度在接球者头部上方(但要注意控制高度,避免球过高难以接住)。

动作要领:

抛球者:低抛时,手臂主要以水平方向的力量为主,将球轻轻向前推出,身体可以稍下蹲。高抛时,手臂要向上用力,将球抛向高处,同时要注意抛球的力度,不能太用力导致球飞得太远。

接球者:对于低抛球,要迅速下蹲,将手套放低接球。对于高抛球,要后退一步或几步,同时将手套向上举起,眼睛始终盯着球,判断好球的落点后进行接球。

练习重点和难点:这个练习的重点是让接球者适应不同高度的球,提高反应速度和身体的灵活性。难点在于对高抛球的判断和接球,因为高抛球的飞行时间较长,在空中容易受到风向等因素的影响。

(二)"大、中、小"传球练习

1."大"传球具体练习方法

距离设置:球员之间的距离较远,一般在20—30米左右。这个距离要求球员充分运用身体力量来传球,以保证球能够准确地到达对方位置。

动作要领:

准备姿势:双脚分开,与肩同宽,膝盖微微弯曲,身体重心放在两脚之间。传球手握住球,手指自然分开,将球放在身体一侧,非传球手在旁边辅助持球。

发力顺序:传球时,先从腿部发力,通过腿部的蹬地动作将力量向上传递。接着转动腰部,腰部的转动就像一个动力轴,带动肩膀和手臂。手臂在肩膀的带动下,以一个鞭打动作向前传球。在传球的最后阶段,手腕要快速抖动,给予球向前的旋转和速度。

传球目标:要将球传向对方球员的胸部到头部之间的区域,这样方便对方接球。传球过程中要注意球的飞行轨迹,尽量保持球呈直线飞行。

练习强度和组数:每次练习可以进行10—15次传球,进行3—4组。中间休息2~3分钟,让球员有足够的时间恢复体力和调整动作。

2."中"传球具体练习方法

距离设置:球员之间的距离调整为10—15米。这个距离既不会因为太近而使传球动作过于简单,也不会因为太远而难以控制准确性。

动作要领:

准备姿势和基本动作:准备姿势与"大"传球相似,但在发力时,由于距离缩短,腿部和腰部的力量运用相对减少,但依然要保持正确的发力顺序。重点在于手臂和手腕的控制,手臂在向前传球时,要根据距离准确地控制力量,手腕的抖动也要更加精细,以确保球能够准确地落在目标区域。

传球目标和精度要求:目标区域为对方球员的腰部左右。传球时要尽量让球以平稳的速度和较低的抛物线飞行,这样可以提高传球的准确性。球员需要更加注意观察对方的位置和动作,根据对方的移动及时调整传球的方向和力度。

练习强度和组数:每次练习进行 15—20 次传球,共进行 4—5 组。组间休息 1~2 分钟,保持练习的连贯性和节奏感。

3."小"传球具体练习方法

距离设置:球员之间的距离缩短至 3—5 米。这个距离要求球员能够快速、准确地传球。

动作要领:

准备姿势和动作特点:双脚距离可以适当缩小,身体重心稍向前倾。传球时,主要依靠手臂和手腕的力量。手臂以快速而小幅度的动作将球传出,手腕的灵活性尤为重要,通过手腕的快速翻转来控制球的方向和速度。

精度和速度要求:传球目标是对方球员的胸部以下区域,因为在近距离传球时,球的飞行时间短,所以要求传球快速且精准。球员需要迅速做出传球反应,并且要能够准确地将球传到对方球员容易接球的位置。

练习强度和组数:每次练习进行 20—30 次传球,进行 5—6 组。由于传球动作相对较小,体力消耗没有"大、中"传球那么大,组间休息 30—60 秒即可。

在进行"大、中、小"传球练习时,球员要注意不断地调整自己的动作和力量控制,同时注意观察接球者的位置和状态。另外,在整个练习过程中,接球者也要认真完成接球动作,接球后及时将球传回传球者,以保证练习的连续性。

(三)计时传接球练习

1. 练习方法

分组与站位:将球员分成若干组,每组两人。两人相对站立,距离根据球员的水平和练习重点而定,例如初学者可以从10—15米开始,有一定基础的球员可适当增加到15—20米。每组配备一个球。

设定时间目标:根据球员的能力设定不同的时间目标。对于初学者,可设定30~60秒内完成一定次数的传接球;对于中等水平的球员,时间目标可缩短至20~30秒;高水平球员则可以挑战10~20秒的快速传接球。例如,设定在30秒内完成20次传接球。

开始练习:当计时器开始计时后,传球者迅速将球传给接球者,接球者接球后立即回传给传球者,如此反复进行。在传接球过程中,球员要注重动作的规范性和准确性,不能因为追求速度而忽视质量。传球者要准确地将球传到接球者的合适位置,接球者要迅速、稳定地接住球并快速回传。

记录与评估:在每组练习结束后,记录实际完成的传接球次数和所用时间。分析传接球过程中出现的错误,如传球偏离目标、接球失误等情况,并及时给予球员反馈和指导,帮助他们改进技术动作。

2. 练习变化与进阶

增加距离变化:在多次练习后,可逐渐增加两人之间的传接球距离,同时相应地调整时间目标,以进一步提高球员的传接球能力和适应不同距离下的快速操作要求。

加入移动元素:让传接球的双方在传接球过程中进行适当的横向或纵向移动,模拟比赛中防守球员和接球球员的实际运动情况,使练习更加贴近实战,提高球员在动态环境下的传接球技巧。

团队接力计时:将多组球员组成一个大的团队,每组完成传接球后,迅速将球传递给下一组,依次接力进行。整个团队在规定的总时间内完成尽可能多的传接球次数,这样可以培养团队的协作竞争意识,提高整体的传接球效率。

(四)两人两球传接球练习

1. 练习方法

分组与站位:将球员分成两人一组,两人相对站立,距离根据球员的水平和练习的阶段可以进行调整。初始阶段,距离可控制在10—15米左右,随着球员能力的提升,可以适当增加到15—20米。

传球开始:两名球员各手持一球。首先,其中一名球员(球员A)将手中的球传给另一名球员(球员B),在球飞行过程中,球员B紧接着将自己手中的球回传给球员A。然后,球员A再将接到的球传回给球员B,如此循环往复,形成两人两球交替传接的节奏。

传接球要点:传球时,球员要注意传球的力度、方向和高度。力度要适中,既要保证球能够准确地飞到对方球员的接球范围内,又不能过大或过小导致对方难以接球。方向要尽量朝着对方球员的胸前位置,方便对方接球。高度一般控制在对方腰部到胸部之间较为合适。

接球时,球员要保持专注,眼睛紧盯来球,提前判断球的落点。用手套准确地接住球,同时要注意缓冲球的力量,避免球直接撞击手部造成伤害。接球后迅速调整姿势,准备传球。

在整个过程中,球员要注意保持稳定的节奏,不要因为急于传球或接球而出现慌乱或失误。两个球的传接间隔要尽量均匀,避免出现长时间停顿或两个球同时到达的情况。

2. 练习变化与进阶

改变距离和速度:在球员逐渐熟练掌握基本的两人两球传接球技巧后,可以尝试改变两人之间的距离,如增加或减少2—5米,同时调整传球的速度,使练习更具挑战性。例如,加快传球速度,要求球员在更短的时间内完成传接球动作,这有助于进一步提高球员的反应速度和技术熟练程度。

增加移动:让球员在传接球过程中进行适当的移动,如前后移动、左右移动或交叉移动。这可以模拟比赛中球员在场上的实际运动情况,提高球员在动态环境下的两人两球传接球能力。例如,球员 A 向前移动两步后传球给球员 B,球员 B 向左移动一步接球并回传,然后球员 A 再向后移动一步接球并继续传球,依此类推。

设定目标区域:在场地的接球方设置不同的目标区域,如用标志桶或在地上画出不同的区域。要求传球方将球准确地传送到指定的目标区域内,这可以增加练习的难度和趣味性,同时也有助于提高球员的传球准确性和控制能力。例如,规定球员 A 将第一个球传向左边的目标区域,将第二个球传向右边的目标区域,球员 B 则要根据不同的目标区域调整接球和回传的位置和方式。

(五)纵队相向传接球练习

1.练习方法

分组与纵队排列:将球员分成若干纵队,每纵队人数可根据总人数和练习需求确定,一般以 5—10 人为宜。各纵队队员间隔 3—5 米左右依次站立,纵队之间的距离也要保持适当,避免相互干扰,一般间隔 5—8 米。各纵队的两端分别为传球起始点和终点。

传球起始:每纵队的一端球员(起始球员)手持球开始练习。起始球员将球传给纵队中的下一位队员,传球时要按照正确的传接球动作要领进行,即双脚站稳,身体重心稍低,利用手臂和手腕的力量将球平稳传出,球的飞行高度大约在接球队员的腰部至胸部之间。

依次传接:下一位队员接到球后,迅速转身将球传给再下一位队员,依此类推,球沿着纵队依次传递。在传球过程中,每个队员都要集中注意力,提前做好接球准备姿势,眼睛注视来球方向,用手套准确地接住球,并在最短时间内完成转身传球动作。同时,要注意控制传球的力度和方向,使球能够顺利地到达下一位队友手中。

终点接球与回传:当球传到纵队的另一端(终点)队员手中后,终点队员迅速将球回传给起始队员,然后起始队员再次将球传给下一位队员,如此循环往复进行多次传接球练习。

2. 练习变化与进阶

增加传球难度：可以要求球员在传球时改变传球的高度、速度或方向。例如，每隔一位队员进行一次高抛传球或快速地滚传球，让后面的队员适应不同类型的来球，提高他们的反应能力和接球技巧。或者规定球员按照特定的顺序进行左右交叉传球，如第一位球员传给第二位球员后，第二位球员传给第四位球员，第四位球员再传给第三位球员，以此类推，增加传接球的复杂性和挑战性。

计时竞赛：设定一个时间限制，如3～5分钟，各纵队在规定时间内尽可能多地完成传接球循环次数。在时间结束后，统计各纵队的传接球次数，次数最多的纵队获胜。这种方式可以激发球员的竞争意识，促使他们在保证传接球准确性的前提下提高速度，同时也能增强团队的凝聚力和荣誉感。

移动纵队：在传接球过程中，让整个纵队沿着场地缓慢移动。可以是直线向前或向后移动，也可以是横向移动。这要求球员在移动过程中不仅要完成传接球动作，还要根据纵队的移动速度和方向及时调整自己的位置和传球力度，更好地模拟比赛中球员在场上的动态情况，进一步提升球员在运动状态下的传接球能力。

(六)移动传接球练习

1. 练习方法

(1)两人移动传接球

球员A和球员B相距约10—15米相对站立。开始练习后，球员A向一侧(如左侧)横向移动，同时将球传给向相同方向移动的球员B。球员B接球后，立即回传给仍在移动中的球员A。然后，球员A改变移动方向(如向右侧)，并再次传球给相应移动的球员B，如此反复进行。

在传球过程中，传球者要根据接球者的移动速度和位置调整传球力度与方向，尽量使球能平稳地飞到接球者身前易于接球的位置。接球者则要在移动中迅速判断球的落点，用手套准确接球，并快速回传。

(2)三角移动传接球

三名球员 A、B、C 分别站在一个等边三角形的三个顶点上,边长约 10—15 米。球员 A 开始向球员 B 移动并传球,球员 B 接球后向球员 C 移动传球,球员 C 接球后再向球员 A 移动传球,形成一个循环。

每个球员在移动传球时,不仅要关注传球目标球员的位置变化,还要留意自己与另外两名球员之间的距离和角度关系,以便更好地控制传球的准确性和力度。

(3)直线接力移动传接球

将球员分成若干小组,每组 3—5 人,排成一路纵队站在场地一端的起跑线后。在场地另一端距离起跑线约 30—50 米处设置一个标志桶作为终点。

每组的第一个球员手持球,听到口令后,向终点快速奔跑,在奔跑过程中,将球回传给纵队中的第二个球员,第二个球员接球后继续向前奔跑并回传给第三个球员,依此类推。最后一名球员接球后带着球冲过终点线。

在此练习中,球员要在高速奔跑的状态下完成准确的传接球,并且要注意传接球的时机,避免因过早或过晚传球导致失误。

2.练习变化与进阶

(1)增加障碍物

在移动传接球的场地中设置一些障碍物,如小型跨栏、圆锥体等。球员在移动传接球时需要绕过这些障碍物,这增加了练习的难度和挑战性,同时也更贴近比赛中可能遇到的复杂场景,提高球员在有干扰情况下的传接球能力。

(2)限定时间或次数

例如,设定在一定时间内(如 2~3 分钟)完成尽可能多的移动传接球次数,或者规定在完成特定次数(如 50 次)的移动传接球过程中,计算失误次数。这样可以促使球员在保证传接球质量的同时提高速度和效率,增强他们的竞技意识和压力应对能力。

(3)结合战术动作

要求球员在移动传接球过程中加入一些棒垒球比赛中的战术动作,如假动作、突然变向切入等。例如,传球者在传球前可以先做出向一侧假跑的动作,迷惑防守球员,然后再将球传给另一侧的队友。这有助于培养球员在战术层面上的传接球运用能力,提升他们在比赛中的战术执行水平。

第三节　软式棒垒球的击球技术

软式棒垒球比赛的最终目的就是要取得胜利,而要取胜就离不开运动员扎实而牢固的进攻技术。软式棒垒球的进攻技术主要分为击球技术与跑垒技术两项。击球是攻击方进攻的首要环节,击球效果的好坏直接影响击球员以及跑垒员进垒得分的成功率。

击球技术是软式棒垒球最基本也是最重要的技术之一,同时也是软式棒垒球进攻技术中较难掌握的技术环节。击球员不仅需要准确击中摆放在T座上的球,还要尽量将球击出较佳的角度、较快的速度和较远的距离,在避免被接杀的同时,尽可能地帮助自己或者同队跑垒员进垒和得分。击球技术的动作结构较为复杂,基本包括准备姿势、引棒、踏伸、挥击和随挥5个环节。

一、握棒

球棒放在两手手指的指根部,右手在上,左手在下,两手并拢,握棒的高度如同打雨伞的位置,与右肩同高或略高于肩,棒身倾斜45°置于右肩上。

握棒一般包括"正常握法""长握法"和"短握法"三种。不同的握棒位置能够产生不同的击球效果。

(一)正常握法

击球员左手在下握棒,距离球棒尾端大约5厘米,右手在上握紧棒柄,双手靠拢。

(二)长握法

击球员击球时左手在下,握住棒柄末端,右手在上靠拢左手。这种握法加大了摆动的力矩,能够帮助击球员提高击球的动作摆动幅度,击出的球更有力。对于上肢力量较强的击球员建议采用这种握法。

(三)短握法

左手在下,握住棒柄末端以上12厘米左右,右手在上,两手靠拢。这种握法力矩短、起棒快、摆幅小、击中率高,非常适合初学者或者低年级学生使用。使用短握法击球往往会出现击球力量较弱,击球的距离较近的效果,女生使用的频率相对较高。

二、准备

击球员进入击球区选择好站位之后,就进入击球的准备阶段。此阶段击球员所摆出的身体姿势就是击球员的准备姿势。

准备姿势有其基本的技术要领,要求击球员两脚分开与肩同宽,双膝微曲,两肘贴近身体,头部面向准备击打的方向,下巴接近左肩,身体放松,重心位于两脚中间。

三、引棒

引棒是做好准备姿势后,准备击球前以球棒先行,方向向后,牵动腰部及肩部,使腰腹肌、肩背肌肉向击球员身体右侧拧紧蓄势的动作阶段。

引棒过程中,要求击球员的重心平稳后移,置于支撑腿(右腿)大腿内侧;肩部向右平转,髋部与膝盖内扣。引棒时转体的幅度不宜过大,以保证两眼能够盯住球为准。

四、挥击

支撑脚前脚掌发力,蹬转内旋,前导脚贴地滑步伸踏,伸踏距离以重心上下没有起伏为宜;转髋转体,用身体的旋转带动手臂和球棒挥击。

击球员完成击球瞬间,击球员应当保持身体姿势不变,双眼沿着击出球的飞行轨迹看去,身体正面完全朝向场内,左腿撑住身体重量,右腿微屈点地,双臂及手腕依然保持夹紧的状态。

五、随挥

挥棒击球动作完成后,挥棒动作顺着惯性方向自然继续,这个顺势的继续动作称为随挥动作。随挥动作的主要部位是手臂、手腕和腰部。击完球之后,击球员双臂放松,手指轻握球棒,手腕自然外翻,身体重心逐渐移向左脚,两臂及上体随着惯性向身体转动方向继续转动,棒头摆至左肩后上方。击出有效球后,随挥动作一旦做完就立刻放下球棒,启动跑垒。

六、注意要点

1. 完成整体的击球动作,头部始终保持不动,保证眼睛盯球的准确性。

2. 身体重心的前后移动要保持在同一水平线上,不要有上下起伏;击中球的一瞬间,重心的投影在两脚中间。

3. 准备击球和引棒时身体要放松,紧张会导致动作变形和力量分散。

4. 完成击球后,严禁乱扔球棒,必须要求击球员将球棒放于击球区内或指定的区域内后方可进行跑垒。

七、辅助练习

(一)球棒颠球练习

1. 握棒姿势:采用正常的击球握棒姿势,双手握住球棒,手指自然地环绕在球棒手柄上。双手的间距和位置要根据个人习惯和球棒长度适当调整,一般来说,双手之间的距离保持在15—20厘米左右,并且要保证握棒牢固,在颠球过程中球棒不会轻易从手中滑落。

2. 起始动作:将球放在球棒的前端,稍微抬起球棒,使球离开地面一定高度,一般为10—15厘米左右。此时,身体要保持平衡,双脚分开与肩同宽,膝盖微微弯曲,眼睛注视着球。

3. 颠球动作:用球棒轻轻地向上弹击球,使球在球棒上跳动。在弹击球时,主要依靠手腕的力量,手臂和肩膀保持相对稳定。手腕要灵活地上下抖动,控制球的弹起高度和方向。每次弹击球的力度要均匀,尽量使球在球棒上垂直跳动,避免球向一侧偏离。例如,刚开始练习时,可以尝试让球每次弹起的高度保持在30—40厘米左右,随着练习的熟练程度增加,再逐渐调整弹起高度和速度。

4. 球的控制:在颠球过程中,要时刻注意球的位置和运动状态。如果球开始向一侧滚动,要及时用球棒调整球的方向,使球回到球棒的中心位置继续跳动。同时,要根据球的弹性和速度变化,适当调整手腕的弹击力度。例如,当球的弹性变弱时,需要稍微加大弹击力度;当球弹起速度过快时,要稍微减小力度,让球的运动更加稳定。

5. 增加颠球次数和时间:开始练习时,球员可能只能颠球几次就会失误。随着练习的深入,逐渐增加颠球的目标次数和持续时间。例如,从最初的每次能颠球10—15次,逐步提高到30—50次,甚至更多。每次练习的持续时间也可以从1~2分钟延长到3~5分钟。

6. 变化颠球高度和速度:在熟练掌握基本颠球技巧后,尝试改变球的弹起高度和速度。可以进行高弹颠球,让球弹起的高度达到1—1.5米左右,这需要更大的手腕力量和更精准的控制。也可以进行快速颠球,加快手腕弹击的频率,使球在球棒上快速跳动,这对提高手眼协调能力有很大帮助。

7. 单手颠球:当双手颠球达到一定水平后,尝试单手颠球。单手颠球更具挑战性,它需要更强的手腕力量和平衡感。可以先从较弱的手开始练习,掌握单手颠球的技巧后,再换另一只手进行练习。单手颠球时,握棒的手要更加稳固,通过手腕的单独运动来弹击球,并且要注意调整身体的姿势以保持平衡。

8. 双人或多人颠球接力:进行双人或多人颠球接力练习可以增加练习的趣味性和竞争性。例如,两人一组,一人颠球一定次数后将球传给另一人,另一人继续颠球,看哪一组能够在最短的时间内完成规定的颠球次数。或者多人围成一个圈,依次颠球,球不能落地,这种方式可以提高球员在团队环境下的球感和协作能力。

(二)击球打准练习

1. 固定球练习

器材设置:可以使用专门的击球固定器,将球固定在合适的高度(一般是膝盖到腰部之间)和位置。如果没有固定器,也可以用绳子将球悬挂起来。

击球动作:球员站在球的前方,双脚分开与肩同宽,膝盖微微弯曲,身体重心稍向前倾。双手握住球棒,采用正确的击球握法,如双手重叠式或双手分开式握法。然后按照正常的击球动作,转动腰部,带动肩膀和手臂,将球棒挥向固定球。重点是要在击球瞬间,用球棒的甜区(球棒上击球效果最佳的区域)击打球。

练习频率和组数:每次练习可以击打30—50次固定球,分为3—5组进行。每组之间休息1~2分钟,让球员有时间调整动作和放松身体。

2. 小目标打击练习

目标设置:在击球区前方设置一些小目标,如小型的圆形或方形标志物,可以将其放置在距离击球手不同的距离和位置。例如,在距离击球手3—5米处放置一个直径为30—50厘米的圆形目标,或者在左右两侧放置边长为40—60厘米的方形目标。

击球要求:球员在击球时,要尝试将球击中目标区域。开始练习时,可以先使用软式小球进行尝试,降低难度。击球过程中,要根据目标的位置和距离,调整击球的方向、力度和角度。例如,当目标在左侧时,击球手需要提前调整站位和挥棒方向,使球能够飞向目标。

反馈与调整:在练习过程中,要有教练或队友观察击球情况,并及时给予反馈。如果击球偏离目标,要分析是站位问题、挥棒方向问题还是力度控制问题,然后针对性地进行调整。可以记录每次击球的结果,如击中目标的次数、偏离的方向等,以便跟踪球员的进步情况。

3. 移动目标打击练习

目标移动方式：可以让教练或队友手持目标（如带有标记的圆盘或小型软式球）在击球手前方进行移动。移动的方式可以是直线移动、左右横向移动、上下移动或者是不规则的曲线移动。例如，手持目标从击球手的左侧向右侧水平移动，速度可以根据球员的水平进行调整，开始时可以稍慢，随着球员能力的提升逐渐加快。

击球挑战：击球手要根据目标的移动情况，预判目标的位置和速度，然后在合适的时机挥棒击球。这需要球员快速地调整站位、挥棒方向和力度。在练习过程中，要注意观察目标的运动轨迹，眼睛始终跟随目标，同时身体要保持灵活，随时准备作出反应。

难度提升：为了增加练习的难度，可以同时使用两个移动目标，让击球手选择其中一个进行打击，或者要求击球手在规定的次数内（如10—15次）击中不同的移动目标，这对球员的注意力分配和击球技巧是一个很大的挑战。

4. 击球角度练习

角度划分：将击球方向划分为不同的角度，如正前方、左前方45度、右前方45度、左前方30度、右前方30度等。在练习场地的前方，用标志物或画线的方式标记出这些不同的角度方向。

针对性击球：球员在击球时，按照标记的角度进行练习。例如，先练习将球击向正前方，体会身体和球棒的动作；然后练习击向左前方45度方向，此时需要调整站位，身体稍向左转，挥棒方向也相应改变。在每个角度的练习中，要注意球的飞行轨迹和落点，控制击球力度，使球能够按照预期的方向飞行。

组合练习：在球员熟悉了各个单独角度的击球后，进行组合练习。例如，按照一定的顺序，先击正前方，再击右前方45度，接着击左前方30度等，通过这种组合练习，提高球员在不同击球角度之间快速转换的能力。

第四章 软式棒垒球的教学计划

第一节 软式棒垒球的单元计划

一、单元学时规划:灵活的教学时长安排

在软式棒垒球的单元教学中,学时的合理分配是确保教学效果的关键因素之一。本单元推荐的教学模板设定为共计18学时,这一学时总量的设置充分考虑了学生对软式棒垒球运动从初步认知到基本技能掌握以及战术运用的学习曲线。在实际教学安排中,具有较强的灵活性,可以依据学校的教学计划安排在1个学期内集中完成,这样能够让学生在相对紧凑的时间内系统地学习软式棒垒球知识与技能,保持学习的连贯性和专注度,有助于学生较快地形成对该运动较为完整的认知体系和技能框架。

同时,也可以将这18学时分散安排在2至3个学期完成。这种分散式的安排对于教学资源相对有限或者学生课余时间较少的学校来说更为适宜。通过将教学内容分阶段进行,可以减轻学生在单个学期内的学习压力,使他们有更充裕的时间在课后进行自主练习,并消化吸收所学知识与技能。例如,在第一个学期着重进行软式棒垒球的基本技术教学,如传接球技术和击球技术的初步学习与训练;在第二个学期则侧重于进攻与防守技战术的教学与实践,并引入一些简单的教学比赛,让学生开始尝试将所学战术应用到实际对抗中;第三个学期进一步巩固和提升学生的技战术水平,增加教学比赛的难度和复杂性,培养学生在比赛中的应变能力和团队协作精神。

二、单元教学内容剖析:构建全面的知识与技能体系

(一)核心技术教学

1. 基本传接球技术

传接球技术是软式棒垒球运动的基础之石。在教学过程中,传接球技术涵盖了多种形式与要求。对于传球技术,学生需要学习不同距离和方向的传球方法,包括上手传球、下手传球以及侧手传球等。上手传球适用于中远距离的传球,要求学生在传球时能够充分利用身体的扭转和手臂的挥动力量,将球准确地传向目标;下手传球则常用于近距离的快速传递,强调动作的简洁性和快速性,以便在紧急情况下迅速将球传出;侧手传球在某些特定场景下,如侧面接球后需要快速转移球的方向时发挥重要作用,其技术要点在于身体的侧身站位和手臂的侧摆发力。

接球技术同样至关重要,学生要掌握不同类型球的接球方法,如地滚球、高飞球以及平直球的接球技巧。接地滚球时,学生需要保持身体的低姿态,双脚灵活移动,双手置于身体前方合适位置,根据球的速度和弹跳情况,运用缓冲动作将球稳稳接住;接高飞球要求学生具备良好的判断能力,能够迅速准确地判断球的落点,在球下落过程中及时调整自己的位置,并通过双手的伸展和缓冲将球接住,同时要注意避免因阳光或其他因素干扰而影响接球判断;接平直球则需要学生在瞬间做出反应,双手迅速伸出并保持稳定,将高速飞来的球接住,这对学生的反应速度和手部控制能力提出了较高要求。

2. 击球技术

击球技术是软式棒垒球比赛中进攻的关键环节。学生首先要学习正确的握棒姿势,合适的握棒方式能够为击球提供稳定的支撑和发力基础。常见的握棒姿势有常规握法和特定的强力握法等,不同握法适用于不同的击球场景和个人习惯。在掌握握棒姿势后,学生需要学习挥棒的动作要领,挥棒过程包括预备姿势、引棒、挥棒击球以及随挥动作。预备姿势要求学生双脚分开与肩同宽,身体重心均匀分布,膝盖微屈,眼睛注视投

手;引棒动作是为挥棒击球积蓄力量,学生需要将球棒向后引,同时转动身体,使身体的肌肉处于紧张状态;挥棒击球时,学生要利用身体的扭转和手臂的挥动力量,将球棒快速有力地挥向球的飞行路线,力求在最佳击球点将球击出;随挥动作则是在击球后,为了保持身体的平衡和充分发挥击球力量,学生需要继续挥动球棒,使身体的力量能够完全释放。

此外,学生还需要学习如何根据投手的投球类型和速度调整自己的击球策略和动作节奏。例如,面对快速球时,击球的反应时间较短,学生需要更加快速地作出挥棒动作;而面对变化球时,如曲线球或变速球,学生则需要准确判断球的飞行轨迹和速度变化,提前调整挥棒的方向和力度,以确保能够击中球并将球击向有利的区域。

3.跑垒技术

跑垒技术直接影响着进攻方在比赛中的得分效率和战术实施。学生要学习跑垒的基本姿势和起步方法,在起跑时,身体重心要前倾,双脚用力蹬地,快速启动。跑垒过程中,学生需要掌握如何根据场上情况调整跑垒速度和方向,例如在有机会进行盗垒时,要观察投手和捕手的动作,选择合适的时机快速起跑,同时要注意避免被对方防守队员触杀;在击球后跑垒时,要根据球的落点和防守队员的位置,合理选择跑垒路线,尽量避免被对方直接封杀。

另外,学生还需要学习在垒上的停留和离垒技巧。在垒上停留时,要保持身体的平衡和警觉,随时准备根据场上局势做出反应;离垒时,要根据投手的投球动作和场上情况,判断是否有机会进行进垒或盗垒,同时要注意离垒的距离不能过大,以免被对方轻易触杀。

(二)攻防技战术教学

1.进攻技战术

进攻技战术旨在通过团队成员之间的协作和策略安排,最大限度地创造得分机会。其中包括击球次序的合理安排,教练需要根据队员的击球能力、跑垒速度以及战术意识等因素,制定出最佳的击球次序。例如,将击球能力较强的队员安排在关键的击球位置,如三、四棒,以便在比赛中能够有更大的机会击出安打或长打,将跑垒员送回本垒得分;而将跑垒速度快的队员安排在前列击球位置,如一、二棒,通过他们的快速上垒为后续队员的击球创造更多的战术选择。

此外,进攻技战术还包括各种跑垒战术的运用,如牺牲打战术、盗垒战术以及打带跑战术等。牺牲打战术是指击球手通过牺牲自己的击球机会,将球击向特定区域,以便让跑垒员能够顺利推进到下一垒位;盗垒战术则是利用投手投球瞬间和防守队员的反应间隙,让跑垒员冒险进行偷垒,以获取更多的跑垒优势;打带跑战术要求击球手在击球的同时,跑垒员立即起跑,击球手根据跑垒员的跑垒情况调整击球方向和力度,力求通过击球和跑垒的配合,使跑垒员能够安全到达下一垒位或得分。

2.防守技战术

防守技战术的核心在于通过合理的站位、快速的反应和默契的协作,阻止进攻方得分。防守阵型的构建是防守技战术的基础,如前文所述,根据不同的场上局面和击球手特点,合理安排内外场手的站位,确保对各个区域的防守覆盖。例如,在面对强力击球手时,适当扩大外场的防守范围,将防守重心向可能的击球方向偏移;在垒上有跑垒员时,内场手要加强对跑垒员的牵制和对击球方向的预判,以便在击球后能够迅速发动双杀或封杀跑垒员的战术。

防守技战术还包括各种防守配合动作,如内场手之间的双杀配合、外场手之间的接力传球以及内外场手之间的补位和支援等。双杀配合要求内场手在处理地滚球或高飞球时,能够迅速准确地将球传向相应垒位,通过连续的封杀动作,将跑垒员双杀出局;接力传球则是在外场手处理远距离高飞球时,通过与内场手或其他外场手的接力配合,将球快速准确地传向本垒或其他关键垒位,阻止跑垒员得分;补位和支援动作则是在防守过程中,当某个防守队员出现失误或无法及时处理来球时,其他队员能够迅速进行补位,确保防守的连续性和完整性。

(三)教学比赛:实践与提升的平台

教学比赛是软式棒垒球单元教学中不可或缺的重要环节。通过教学比赛,学生能够将所学的基本技术、进攻技战术和防守技战术在实际对抗情境中进行应用和检验。在教学比赛中,学生能够更加深刻地体会到软式棒垒球运动的竞技性和团队协作性,提高自己在比赛中的应变能力、决策能力和心理承受能力。

教学比赛的组织形式可以多样化,例如可以采用小组对抗赛、班级内部赛或校际友谊赛等形式。在比赛初期,可以适当降低比赛的难度和强度,如缩短比赛时间、减少参赛人数或简化比赛规则等,以便让学生能够更好地适应比赛环境和节奏。随着学生技战术水平的提高,可以逐渐增加比赛的难度和复杂性,如恢复标准的比赛时间、人数和规则,引入更高级的技战术要求,使学生在不断挑战自我的过程中提升自己的软式棒垒球水平。

三、单元教学目标设定:全面发展的教育追求

(一)认知目标:拓宽知识视野

1. 运动概况认知

通过系统的教学活动,向学生全面介绍棒垒球运动的发展历程,从其起源于早期的民间游戏,到逐渐演变成具有严谨规则和广泛影响力的现代竞技运动,让学生了解棒垒球运动在不同历史时期的发展特点和重要事件。同时,详细阐述现代棒垒球运动在比赛规则、比赛形式、技术特点等方面的主要区别,例如棒球与垒球在场地大小、投手投球方式、击球规则等方面的差异,使学生能够清晰地分辨两种运动的不同之处。

2. 比赛要素认知

学生需要深入了解棒垒球运动的比赛方法,包括比赛的基本流程、局数设置、得分规则以及胜负判定标准等。同时,对运动场地和运动器材的认知也是重要内容,了解棒垒球场地的规格尺寸、各个区域的功能划分以及不同类型器材的特点和使用方法,如球棒的材质、长度和重量要求,球的弹性和规格标准等。

3.项目特点与价值认知

使学生深刻理解棒垒球运动项目的特点,如它是一项集力量、速度、灵敏、协调等多种身体素质要求于一体的综合性运动,同时具有较高的竞技性、策略性和团队协作性。此外,还要让学生认识到软式棒垒球运动的锻炼价值,不仅能够提高学生的身体素质,还能够培养学生的心理素质、思维能力和社交能力,如在比赛中面对压力时的心理调节能力、在制定战术时的逻辑思维能力以及在团队协作中与他人沟通和配合的社交能力。

(二)技能目标:提升运动能力

1.基本技术掌握

经过单元教学,学生要能够初步掌握软式棒垒球的基本传接球技术、击球技术和跑垒技术。在传接球技术方面,能够在不同的场景下准确地将球传出和接住,达到一定的传球速度和接球成功率;在击球技术方面,能够掌握正确的握棒和挥棒姿势,根据不同的投球情况有一定的击球能力,将球击向合理的区域;在跑垒技术方面,能够熟练掌握跑垒的基本姿势、起步方法、速度调整和在垒上的停留与离垒技巧,提高跑垒的效率和安全性。

2.技战术运用与比赛能力提升

学生不仅要掌握基本技术,还要能够较好地运用进攻技战术和防守技战术进行比赛。在进攻方面,能够根据教练的战术安排和场上局势,合理地选择击球策略、运用跑垒战术,提高得分的机会;在防守方面,能够迅速准确地判断击球方向和落点,与队友默契配合,执行各种防守战术动作,降低对方的得分率。通过参与教学比赛,不断提高学生对软式棒垒球的兴趣和比赛能力,使学生在比赛中逐渐积累经验,提升自己在实际对抗中的技术运用水平和战术决策能力。

3.身体素质发展

软式棒垒球运动对学生的身体素质发展具有积极的促进作用。在教学过程中,通过各种技术练习、战术演练和教学比赛,能够有效地发展学生的速度、灵敏、协调、柔韧等身体素质。例如,在传接球和跑垒练习中,能够提高学生的奔跑速度和身体的灵活性;在击球和防守动作中,能够锻炼学生的身体协调性和肌肉的柔韧性,使学生的身体素质得到全面的提升。

4.特殊能力培养

培养学生灵巧的动作及快速反应的能力是软式棒垒球教学的重要技能目标之一。在比赛中,学生需要在瞬间对各种突发情况做出反应,如快速判断击球的方向和速度、及时对跑垒员的行动做出反应并采取相应的防守措施等。通过长期的教学训练,使学生的神经系统得到充分的锻炼,提高他们的反应速度和动作的灵巧性,使学生能够在复杂多变的比赛环境中迅速做出正确的行动。

(三)情感目标:塑造健全人格

1.个人品质塑造

软式棒垒球运动为培养学生勇敢拼搏、灵活机敏、机智果断的优良品质提供了良好的平台。在比赛中,学生需要面对各种挑战和压力,如强大的对手、紧张的比赛局势等,通过克服这些困难,能够锻炼学生的勇气和毅力,使他们在面对困难时敢于迎难而上,不轻易放弃;在比赛过程中,学生需要根据场上情况迅速做出决策并采取行动,这有助于培养学生的机智果断的品质;同时,软式棒垒球运动要求学生具备灵活机敏的身体和思维反应能力,在不断的训练和比赛中,学生的这些能力能够得到进一步的提升。

2.团队精神培养

树立团结友爱、互相帮助、协调一致的团队精神是软式棒垒球教学的重要情感目标。在软式棒垒球运动中,团队成员之间的协作至关重要。无论是进攻还是防守,都需要队员之间密切配合、相互信任。例如,在进攻战术中,击球手与跑垒员之间需要默契配合,根据对方的防守情况及时调整战术;在防守战术中,内外场手之间需要相互支援、补位,共同完成防守任务。通过参与软式棒垒球运动,学生能够深刻体会到团队的力量,学会与他人合作,培养集体荣誉感和团队归属感,使他们在今后的学习、生活和工作中能够更好地融入团队,发挥自己的作用。

四、单元教学策略制定:多元路径的教学实施

(一)教材化改编:降低难度,激发兴趣

为了使软式棒垒球运动更适合学生的学习和参与,通过改变规则的方式对其进行教材化改编是一种有效的教学策略。例如,可以缩小场地的规模,这样能够缩短球的飞行距离和球员的奔跑范围,降低学生在传接球和跑垒过程中的难度,使学生更容易掌握基本技术;增减队员人数能够改变比赛的节奏和对抗强度,如减少队员人数可以让每个学生在比赛中有更多的参与机会,增加触球和决策的次数,从而更好地锻炼他们的个人能力;增减垒包数量可以简化比赛的流程和战术复杂性,使学生在初期学习阶段能够更轻松地理解和应用比赛规则。

将较复杂的技术以游戏的形式出现也是激发学生兴趣的重要手段。例如,设计传接球接力游戏,将学生分成若干小组,通过接力传接球的方式进行比赛,在游戏中让学生练习传接球技术,提高他们的技术熟练程度和团队协作能力;或者开展击球准确性游戏,设置不同的目标区域,让学生通过击球尝试击中目标,在游戏中提高学生的击球技术和对击球方向、力度的控制能力。通过这些游戏化的教学方式,能够让学生在轻松愉快的氛围中学习软式棒垒球运动,激发他们对该运动的兴趣和学习积极性。

(二)教学比赛驱动:以赛促学,以赛促教

在完成初期的基本技术教学后,应高度重视教学比赛在软式棒垒球教学中的作用。教学比赛是学生将所学知识和技能应用于实践的重要平台,通过在比赛中运用所学技术,能够进一步提高学生的技术水平。在比赛过程中,学生能够更加直观地感受到自己技术上的不足之处,从而有针对性地进行改进和提高。例如,在比赛中如果发现自己的传球准确性不够,学生可以在赛后加强传球练习,调整传球姿势和发力方式,提高传球的精准度。

同时,教学比赛能够培养学生的比赛能力,包括比赛中的战术运用能

力、决策能力、应变能力和心理承受能力等。在比赛中,学生需要根据场上的局势迅速制定战术并做出决策,如在进攻时选择何种击球策略和跑垒战术,在防守时如何调整站位和进行防守配合等;当比赛中出现突发情况时,如对方改变战术或出现意外失误,学生需要具备应变能力,及时调整自己的行动;此外,比赛中的紧张氛围和竞争压力能够锻炼学生的心理承受能力,使他们在面对压力时能够保持冷静,正常发挥自己的水平。

教师在教学比赛中还可以检查学生技术掌握的情况,为单元后期的教学提供依据。通过观察学生在比赛中的表现,教师能够了解到学生对各项技术和战术的掌握程度,发现学生存在的共性问题和个别问题,从而在后续教学中进行有针对性的指导和训练。例如,如果发现大部分学生在防守时的补位意识不强,教师可以在后期教学中加强补位战术的教学和训练,通过讲解、示范和模拟比赛等方式,提高学生的补位能力和团队协作意识。

(三)自制器材利用:创新资源,拓展教学

在教学资源有限的学校,教师可以充分发挥创造力,自制教学器材。例如,用海绵球代替软式棒垒球,海绵球质地柔软,安全性高,适合初学者在练习传接球和击球时使用,能够减少学生因球速过快或球质较硬而产生的恐惧心理,同时也降低了受伤的风险。用废橡胶管做成"T座",可用于学生练习击球时的站位和挥棒动作,帮助学生更好地掌握击球的基本姿势和发力点。用报纸裹成筒做球棒,虽然简易,但能够让学生在初步接触软式棒垒球时,对击球动作有直观的感受和体验,培养他们的兴趣和手感。

这些自制器材不仅可以解决教学资源不足的问题,还能够为教学带来更多的创意和乐趣。教师可以引导学生参与自制器材的过程,让学生在动手实践中更加深入地了解软式棒垒球运动器材的特点和功能,同时也培养了学生的创新思维和动手能力。例如,在制作海绵球时,教师可以向学生介绍不同材质的海绵对球的弹性和重量的影响,让学生根据自己的需求选择合适的海绵材料;在制作"T座"和报纸球棒时,教师可以让学生发挥想象力,对器材的形状和尺寸进行个性化设计,使器材更符合自己的使用习惯。

(四)研究氛围营造:引导思考,促进成长

教师要在软式棒垒球教学比赛中积极创设研究氛围,这对于学生的学习和成长具有重要意义。在攻守交换时,让学生们针对本队的胜负情况找出新的对策,能够培养学生的反思能力和问题解决能力。例如,在一次进攻失败后,教师可以引导学生分析原因,是击球策略不当、跑垒失误还是对方防守太出色?通过这样的反思过程,学生能够总结经验教训,在下次进攻时做出调整。如果是击球策略问题,学生可以讨论如何根据投手的特点选择更合适的击球方式;如果是跑垒失误,学生可以探讨如何更好地观察场上局势,把握跑垒时机。

在防守方面,当对方得分后,学生可以分析防守漏洞出在哪里,是站位不合理、防守配合不默契还是对击球方向判断失误?针对这些问题,学生可以提出改进措施,如调整防守阵型、加强队员之间的沟通和协作、提高对击球手的观察和预判能力等。通过这种在教学比赛中创设研究氛围的方式,学生不再是机械地参与比赛,而是在比赛中不断思考、学习和成长,逐渐提升自己的软式棒垒球技战术水平和综合素养。同时,这种研究氛围也有助于培养学生的团队合作精神,因为在分析问题和寻找对策的过程中,队员们需要相互交流、相互启发,共同为团队的胜利而努力。

第二节 软式棒垒球的课时计划

一、第1学时:软式棒垒球运动入门引导

(一)教学内容深度解析

本学时作为软式棒垒球教学的开篇之章,犹如打开一扇通往全新运动世界的大门,着重于为学生构建全面而系统的软式棒垒球基础认知框架。首先,通过翔实的讲解与展示,深入探寻软式棒垒球运动的起源及发

展脉络,从其在早期体育文化中的萌芽,到逐步在全球范围内的传播与演变,让学生清晰地感知到这一运动所承载的历史底蕴与文化内涵。例如,介绍其如何从传统棒球和垒球的基础上衍生而来,又因自身特点而在不同地区和人群中得到独特的发展。

紧接着,对软式棒垒球运动的场地器材进行全方位的介绍。详细阐述场地的规格与布局,包括内场、外场的尺寸,各垒位的精确位置以及它们在比赛中所扮演的角色;展示并讲解专用的球、球棒、打击T座、垒垫等教学用具的特点与功能。例如,说明软式棒垒球的球体材质如何在保证安全性的同时,又能满足比赛所需的弹性和飞行特性;球棒的设计如何兼顾力量传递与操控性,以适应不同年龄段和技术水平的学生使用。

此外,深入剖析软式棒垒球运动的比赛方法,从比赛的基本流程、局数设定、得分机制到胜负判定的关键要素,均进行细致入微的讲解。同时,全面揭示软式棒垒球运动的独特特点,如相较于传统棒垒球的低强度、高安全性,以及其在培养学生身体素质、团队协作和策略思维等方面的卓越锻炼价值。通过这一系列的教学内容,让学生在脑海中初步勾勒出软式棒垒球运动的完整轮廓,为后续的深入学习奠定坚实的理论基础。

(二)重点难点突破策略

本学时的重点聚焦于软式棒垒球与垒球、棒球在多个维度上的显著区别。这涵盖了场地规格的差异,如垒间距、外场边界的不同;器材特性的区别,包括球的弹性、重量,球棒的材质、长度限制等;比赛规则的细节差异,例如投球方式、击球规则、跑垒限制等方面。为了帮助学生深刻理解这些区别,教师将采用对比分析的教学方法,通过详细的图表展示、实物对比演示以及生动的案例讲解,让学生能够直观地感受到软式棒垒球的独特之处,从而在后续的学习和实践中能够准确地把握其核心要点。

而理解复杂的比赛规则则是本学时的教学难点。为了攻克这一难点,教师将充分利用多媒体资源,播放精彩的软式棒垒球比赛视频片段,并在关键节点暂停视频,详细解读当时的比赛场景所涉及的规则条款,让学生在实际情境中理解规则的应用。同时,结合简化的规则示意图和通俗易懂的文字说明,将抽象的规则条文转化为直观的视觉和语言信息,便于学生理解和记忆。此外,教师还将组织学生进行小组讨论,针对一些典型的比赛规则案例进行分析和探讨,激发学生的思考和主动学习的积极性,从而逐步加深学生对比赛规则的理解和掌握程度。

(三)教法措施创新运用

1. 多媒体教学资源整合

教师将精心挑选一系列高质量的图片和视频资料,包括软式棒垒球运动的历史影像、精彩比赛瞬间、明星运动员的技术展示等,制作成生动有趣的教学课件。在课堂教学中,通过多媒体设备进行播放展示,让学生在直观的视觉冲击下,对软式棒垒球运动产生浓厚的兴趣和好奇心。例如,播放国际知名软式棒垒球赛事的开幕式视频,展示盛大的赛事场面和运动员们的激情活力,激发学生对参与这项运动的渴望;播放专业运动员的击球和传球技术慢动作分解视频,让学生能够清晰地观察到每个技术动作的细节和要领,为后续的实践练习提供准确的参考范例。

2. 实物展示与互动体验

将软式棒垒球的球、球棒、打击T座、垒垫等教学用具一一呈现在学生面前,让学生近距离观察、触摸和感受这些器材的特点。教师在展示过程中,详细介绍每个器材的设计原理、使用方法和注意事项,并邀请学生亲自上手体验,如拿起球棒尝试不同的握法,感受球的弹性和重量等。通过这种实物展示与互动体验相结合的方式,不仅能够加深学生对器材的认识和理解,还能提高学生的学习积极性和参与度,使他们在轻松愉快的氛围中初步建立起对软式棒垒球运动的感性认识。

二、第2学时:球性探索与趣味开启

(一)教学内容多元拓展

本学时旨在通过丰富多样的练习活动,帮助学生快速熟悉软式棒垒球的球性,同时引入趣味游戏环节,激发学生对软式棒垒球运动的热情和兴趣。熟悉球性练习是本学时的核心教学内容之一,包括各种抛接球、滚动球、拍球等基础练习方式。抛接球练习要求学生在不同的距离和角度下进行抛接,注重脚下移动的灵活性和接球的稳定性;滚动球练习则让学生体验球在地面滚动时的速度、方向变化以及如何准确地用手或脚控制球的运动轨迹;拍球练习类似于篮球中的运球动作,培养学生对球的手感和操控能力,通过快速的拍球节奏变化,提高学生的反应速度和手眼协调能力。

在学生对球性有了一定的熟悉程度之后,引入软式棒垒球等趣味游戏环节。这些游戏将以软式棒垒球的基本技术动作为基础,设计出具有趣味性和竞赛性的游戏形式。例如,"球的接力传递"游戏,将学生分成若干小组,每个小组的学生依次进行抛接球传递,在规定的时间内完成传递次数最多的小组获胜;"球的追逐挑战"游戏,设定一个特定的场地范围,一名学生作为"追逐者",手持球追逐其他学生,被追逐到的学生则与"追逐者"交换角色,通过这种游戏方式,不仅锻炼了学生的奔跑能力和反应速度,还增加了学生之间的互动和竞争意识。

(二)重点难点精准攻克

本学时的教学重点在于让学生深入了解软式棒垒球的特性,尤其是在抛接球练习中,强调脚下移动的快速性和接球的稳定性。学生需要学会根据球的飞行轨迹和速度,迅速调整自己的身体位置和脚步移动方向,同时保持双手的稳定和正确的接球姿势,以确保能够准确地接住球。为了实现这一重点教学目标,教师将在教学过程中进行详细的动作示范和分解讲解,让学生清楚地了解每个步骤的技术要领。例如,在抛接球示范中,教师将展示如何通过小碎步快速移动到球的落点下方,同时手臂自然伸展,双手形成一个稳定的接球平面,利用身体的缓冲动作将球接住并顺势收回胸前。

接球时手型的控制及接球缓冲技巧的掌握则是本学时的教学难点。学生往往难以在瞬间准确地调整手型以适应不同速度和方向的来球,并且在接球时容易忽略缓冲动作,导致球从手中滑落或因冲击力过大而受伤。针对这一难点,教师将采用循序渐进的教学方法,首先让学生进行原地的手型固定练习,如用双手模拟接球动作,保持手指的弯曲和放松,掌心相对,形成一个柔软而有弹性的接球空间。然后,结合缓慢抛接球练习,让学生在实际接球过程中感受手型的变化和缓冲动作的运用,逐渐提高学生的手型控制能力和缓冲技巧。教师还将在学生练习过程中进行个别指导,及时纠正学生的错误动作,确保每个学生都能掌握正确的接球方法。

(三)教法措施灵活实施

1.精准讲解与示范引领

教师将以专业、规范的动作示范,为学生展示各种球性练习和趣味游戏的正确做法。在讲解过程中,注重语言的简洁明了和生动形象,结合实际动作,详细阐述每个技术动作的关键要点和注意事项。例如,在讲解抛接球动作时,教师会说:"抛球时,手臂要自然伸直,利用手腕的力量将球轻轻抛出,就像放飞一只小鸟一样;接球时,双脚要像弹簧一样灵活移动,双手像柔软的海绵,迎接飞来的球,并且要顺势将球缓冲到胸前。"通过这种形象的比喻和精准的讲解,让学生更容易理解和记住技术动作的要领。

2.自主练习与小组协作相结合

组织学生每人一球,进行自主的抛接球、滚动球、拍球等练习,让学生在实践中不断摸索和体验球性。在自主练习过程中,鼓励学生相互观察、相互学习,发现问题及时向教师或同学请教。同时,安排小组协作的练习形式,如小组抛接球接力比赛等,培养学生的团队协作精神和竞争意识。在小组练习中,教师将巡视各小组的练习情况,及时给予指导和反馈,确保学生的练习效果和安全性。

3.游戏检验与兴趣激发共进

通过设计巧妙的趣味游戏,对学生的球性练习效果进行检验和巩固。在游戏过程中,教师将密切观察学生的表现,评估学生对球性的掌握程度以及在游戏中所展现出的技术应用能力和团队协作精神。根据游戏结果和学生的表现,教师将及时给予肯定和鼓励,同时针对存在的问题提出改进建议。通过这种游戏检验与兴趣激发相结合的教学方式,让学生在轻松愉快的氛围中不断提高自己的球性熟悉程度和软式棒垒球运动技能水平。

三、第3学时：肩上传球技术启蒙

(一)教学内容核心聚焦

本学时的核心教学内容为初步学习软式棒垒球的肩上传球技术，这是软式棒垒球运动中一项极为重要的基本传球技术。教师将从握球方法的讲解与示范开始，让学生掌握正确的握球姿势，确保球在手中的稳定性和传球时的发力顺畅。接着，深入讲解肩上传球的技术要点，包括上下肢的协调配合机制。在传球过程中，强调下肢的蹬地动作，通过双脚用力蹬地，将身体的力量从下往上传递，同时配合髋关节、腰部、上体的扭转，形成一个完整的身体扭转力链，最后通过手臂的挥动和手指的拨球动作，将球有力地传出。特别要注重手指拨球的技巧，使球能够向着预期的方向旋转，从而保证传球的准确性和稳定性。

(二)重点难点有效突破

本学时的教学重点在于实现上下肢的协调配合，让学生在传球时能够流畅地完成蹬地、转髋、转腰、转体、鞭打动作以及手指拨球等一系列技术环节，使球能够以稳定的飞行轨迹和适当的速度飞向目标。为了帮助学生掌握这一重点，教师将采用分解动作教学法，将肩上传球技术分解为多个单个动作，让学生逐步练习每个动作的要领，然后再将各个动作连贯起来进行完整的传球练习。例如，先让学生进行单纯的蹬地练习，感受腿部力量的爆发；接着进行转髋、转腰、转体的单独练习，体会身体扭转的节奏和力量传递；最后进行手臂挥动和手指拨球的练习，掌握球的出手控制技巧。通过这种分解练习与连贯练习相结合的方式，逐步提高学生上下肢协调配合的能力。

将球准确地传到同伴的接球手肩前则是本学时的教学难点。这需要学生在传球时不仅要掌握好力量和方向，还要能够准确地预判同伴的位置和移动趋势。为了攻克这一难点，教师将组织学生进行大量的两人一组肩上传接球练习,在练习过程中,引导学生观察同伴的身体姿态和位置变化,根据同伴的情况及时调整传球的力度和角度。同时,引入掷远和掷准的练习项目,通过掷远练习,让学生体会不同力量下传球的飞行距离和轨迹变化;通过掷准练习,让学生提高对传球目标的精准度控制能力。在练习过程中,教师将对学生的传球进行实时指导和反馈,帮助学生不断提高传球的准确性。

(三)教法措施科学运用

1.详细讲解与直观示范相结合

教师将详细介绍握球方法的各个细节,如手指的放置位置、球与手掌的贴合程度等,并通过反复的示范,让学生能够清晰地看到正确的握球姿势。在讲解肩上传球要点时,教师将结合自身的动作示范,边做边讲解每个动作环节的发力顺序、身体姿态和动作幅度等要求。例如,在示范蹬地动作时,教师会强调双脚的站位宽度、膝盖的弯曲程度以及蹬地时的发力方向;在示范转体动作时,会展示身体扭转的轴心位置和扭转角度等。通过这种详细讲解与直观示范相结合的方式,让学生在脑海中形成正确的动作表象,为后续的练习奠定良好的基础。

2.双人协作练习强化

组织学生两人一组进行肩上传接球练习,让学生在实际的互动练习中,不断提高传球和接球的技术水平。在练习过程中,要求学生相互观察、相互评价,及时指出对方在传球或接球过程中存在的问题,并共同探讨改进的方法。教师将在学生练习过程中进行巡回指导,对学生的动作进行纠正和优化,确保学生能够正确地掌握肩上传球技术。同时,通过掷远和掷准练习,进一步丰富练习形式,增加练习的趣味性和挑战性,激发学生的练习积极性和竞争意识。

四、第4学时:技术进阶与多元拓展

(一)教学内容有机整合

本学时在复习巩固肩上传球技术的基础上,引入了击球技术的初步学习,实现了教学内容的有机整合与进阶。在复习肩上传球技术环节,通过两人一组的肩上传接球练习以及传球游戏的方式,让学生进一步强化上下肢协调配合、传球准确性等关键技术要点。传球游戏可以设计为"传球接力赛",将学生分成若干小组,每组学生依次进行肩上传球接力,在规定的时间内完成传球次数最多且失误最少的小组获胜。通过这种游戏方式,不仅能够提高学生的传球技术水平,还能培养学生的团队协作精神和竞争意识。

在初步学习击球技术方面,教师将全面讲解击球技术的核心要素,包括握棒方法、挥棒预备姿势以及挥击技术。握棒方法将详细介绍正常握法、长握法、短握法等不同握法的特点和适用场景,让学生根据自身的身体条件和技术风格选择合适的握棒方式。挥棒预备姿势着重强调两脚的间隔与肩同宽或稍宽于肩,身体重心置于两脚之间,两眼盯住球,两肩保持水平,两肘打开,为后续的挥棒动作做好充分的准备。挥击技术则深入讲解击球瞬间的水平挥棒动作,强调挥棒时蹬地转体的协调发力、传球出手时手臂的鞭打动作、利用腰部的转动进行挥棒以及用力顺序自下而上等技术要点,同时提醒学生挥棒时球棒不要远离身体,并且要合理选择站位,根据投手的投球位置和球的飞行轨迹,调整自己的站位角度和距离。

(二)重点难点深度剖析

本学时的教学重点在于掌握正确的握棒姿势和挥棒预备姿势。正确的握棒姿势能够确保学生在击球时能够稳定地控制球棒,有效地传递力量。教师将通过反复的示范和手把手的指导,让学生深刻体会到不同握棒方法的细微差别和对击球效果的影响。例如,在讲解正常握法时,教师会强调手指与球棒的接触点、握力的大小以及双手之间的配合关系,让学生在实际练习中逐渐找到最适合自己的握棒感觉。挥棒预备姿势则是击球成功的关键前提,良好的预备姿势能够使学生在击球瞬间迅速做出反应,将身体的力量充分发挥出来。教师将通过静态的姿势示范和动态的动作演示,让学生清晰地了解挥棒预备姿势的各个要点,并在学生练习过程中不断进行纠正和强化。

击球的瞬间水平挥棒、挥棒动作时蹬地转体的协调发力以及合理选择站位则是本学时的教学难点。击球瞬间的水平挥棒要求学生在极短的时间内将身体的力量集中到球棒上,并以水平的方向将球击出,这需要学生具备良好的节奏感和力量控制能力。挥棒动作时蹬地转体的协调发力涉及身体多个部位的协同工作,学生往往难以在一开始就掌握好各个部位的发力时机和力度分配。合理选择站位则需要学生根据投手的投球特点和场上的局势进行准确的判断,这对于初学者来说具有一定的难度。为了突破这些难点,教师将采用分解动作练习、慢动作示范以及模拟击球场景练习等多种教学方法。例如,让学生先进行单独的蹬地转体练习,感受身体力量的传递过程;然后进行慢动作的挥棒练习,逐步提高挥棒的速度和力量控制能力;最后在模拟击球场景中,让学生根据不同的投球情况进行站位选择和击球练习,在实践中不断提高学生的击球技术水平。

(三)教法措施综合运用

1.分层练习与专项指导并行

在复习肩上传球技术时,采用分层练习的方式,先让学生进行基础的两人一组肩上传接球练习,重点巩固传球的准确性和稳定性;然后逐渐增加练习的难度,如提高传球的距离、速度要求,或者在传球过程中设置一些干扰因素,如增加传球的角度变化、要求学生在移动中进行传球等。在学生练习过程中,教师将进行专项指导,针对学生出现的传球力量不足、方向偏差等问题,及时给予纠正和改进建议。在初步学习击球技术方面,同样采用分层练习的方法。先让学生进行握棒姿势和挥棒预备姿势的静态练习,教师逐个检查学生的姿势是否正确,并进行手把手的调整;然后进行徒手的挥棒练习,让学生体会挥棒动作的要领;最后进行原地击球练习,两人一组每组一个T座,距墙或网2米处放置T座,进行击球练习。在击球练习过程中,教师将密切观察学生的击球动作,针对学生在击球瞬间水平挥棒、蹬地转体协调发力以及站位选择等方面存在的问题,进行及时的专项指导和动作示范,帮助学生逐步掌握击球技术的关键要点。

2. 多元示范与模拟演练相结合

教师将通过多元示范的方式,全面展示肩上传球和击球技术的正确动作。除了常规的正面示范外,还将进行侧面示范、背面示范以及慢动作示范,让学生从不同的角度和速度下观察技术动作的细节。例如,在讲解击球技术时,通过侧面示范可以让学生更清晰地看到挥棒时身体的扭转和手臂的挥动轨迹;慢动作示范则可以让学生更仔细地观察击球瞬间手指对球棒的控制和力量的传递过程。同时,结合模拟演练的教学方法,创设一些接近实际比赛场景的练习环境,如模拟投手投球、设置跑垒员等,让学生在模拟场景中进行肩上传球和击球技术的综合运用练习,提高学生在实际比赛情境中的技术应用能力和应变能力。

五、第5学时:跑垒技术起步与综合练习

(一)教学内容协同推进

本学时在复习击球、肩上传球技术的基础上,重点开展跑垒技术的初步学习,实现了多种技术教学内容的协同推进。在复习击球和肩上传球技术环节,通过两人一组每组一个T座,每人击5个球后轮换进行击球练习,以及两人一组的肩上传接球练习和传球游戏等方式,进一步巩固学生的击球准确性、传球稳定性以及两者之间的配合默契度。例如,在击球练习中,教师可以引导学生关注击球的方向和力度控制,根据之前所学的击球技术要点,尝试将球击向不同的区域,以提高在实际比赛中应对各种防守情况的能力;在肩上传接球练习中,增加传球的距离和速度要求,同时强调接球手的快速反应和准确接球,为后续跑垒技术的学习奠定良好的基础。

在初步学习跑垒技术方面,教师将全面讲解跑垒技术的核心要点,包括起跑动作、跑垒过程中的姿势与速度控制以及跑垒的时机把握等。起跑动作要求学生起跑快,在听到起跑信号后,能够迅速蹬地发力,身体前倾,快速启动。跑垒过程中,强调眼睛看垒(不要看球),保持身体的低姿态和平衡,合理控制跑垒速度,根据场上局势和教练的指示,适时调整跑

垒节奏。跑垒的时机把握则是跑垒技术的关键难点,学生需要学会根据击球的情况、防守队员的位置和动作等因素,准确判断何时起跑、何时加速、何时停止或转向等。

(二)重点难点精准把握

本学时的教学重点在于起跑动作的快速准确执行。起跑快能够为学生在跑垒过程中争取更多的时间和优势,避免被防守队员迅速封杀或触杀。教师将通过专门的起跑练习,如短距离冲刺起跑、听口令起跑等方式,训练学生的起跑反应速度和爆发力。在练习过程中,教师将对学生的起跑姿势、蹬地力度和身体前倾角度等进行详细的指导和纠正,确保学生掌握正确的起跑技术要领。

眼睛看垒(不要看球)以及跑垒的时机把握则是本学时的教学难点。学生在跑垒过程中,往往容易受到球的吸引而分散注意力,导致跑垒路线不清晰或错过最佳的跑垒时机。为了帮助学生克服这一难点,教师将采用模拟比赛场景的教学方法,让学生在实际的击球和跑垒情境中,逐渐养成眼睛看垒的习惯。同时,通过详细的讲解和案例分析,让学生了解不同情况下跑垒时机的判断依据和方法。例如,当击球手将球击向内场时,跑垒员需要观察内场防守队员的接球动作和传球方向,如果防守队员接球后迅速传向一垒,跑垒员则需要根据自己与一垒的距离和速度,判断是否能够安全上垒;如果防守队员出现失误或传球延迟,跑垒员则要抓住机会加速跑垒。

(三)教法措施灵活多样

1. 场景模拟与实践体验相融合

教师将精心设计一系列模拟比赛场景的练习活动,让学生在接近真实比赛的情境中进行击球、肩上传球和跑垒技术的综合练习。例如,设置一个小型的比赛场地,安排部分学生担任击球手、跑垒员和防守队员,进行简化版的比赛练习。在练习过程中,学生能够亲身体验到击球后跑垒的全过程,包括起跑、跑垒过程中的决策以及与防守队员的对抗等。教师将在一旁观察并及时给予指导,针对学生在跑垒过程中出现的眼睛看球、跑垒时机错误等问题,进行现场纠正和讲解。通过这种场景模拟与实践体验相融合的教学方式,让学生更加深入地理解和掌握跑垒技术的要点,提高在实际比赛情境中的技术应用能力。

2. 分步练习与逐步进阶相衔接

在跑垒技术教学中,采用分步练习的方法,先让学生进行单独的起跑练习,重点训练起跑速度和反应能力;然后进行短距离跑垒练习,如跑一垒练习,让学生在相对简单的情境下,掌握跑垒过程中的姿势控制和速度调整;接着逐渐增加跑垒的距离和难度,如跑两个垒练习、跑三至四个垒练习等,让学生在不断的实践中,逐步提高跑垒技术水平。在每个练习步骤中,教师都将对学生的技术动作进行详细的指导和评价,及时指出学生存在的问题和不足之处,并提出改进的建议和方法。通过这种分步练习与逐步进阶相衔接的教学方式,使学生能够循序渐进地掌握跑垒技术,避免因难度过高而产生挫败感或因练习不足而导致技术掌握不扎实。

3. 游戏竞赛与技术巩固同步

引入跑垒游戏竞赛环节,如"跑垒接力赛",将学生分成若干小组,每组学生依次进行击球后跑垒的接力比赛,在规定的时间内完成跑垒次数最多且失误最少的小组获胜。通过这种游戏竞赛的方式,不仅能够增加学生的学习兴趣和竞争意识,还能在比赛过程中进一步巩固学生的击球、肩上传球和跑垒技术。在游戏竞赛过程中,教师将作为裁判,严格监督比赛的进行,确保比赛的公平公正。同时,教师将在比赛结束后,对学生的表现进行全面的总结和评价,针对学生在比赛中出现的技术问题,进行再次的讲解和示范,帮助学生不断完善和提高自己的技术水平。

六、第6学时:行进间传接球与封杀技术导入

(一)教学内容深度拓展

本学时在之前技术学习的基础上,进一步深入拓展教学内容,开展行进间传接球练习,初步学习封杀技术,并引入教学比赛环节,使学生在实践中不断提高技术应用能力和团队协作意识。在行进间传接球练习方

面,包括迎面跑动传接球练习、三角传球、四角传球等多种形式。迎面跑动传接球练习要求学生在相对运动的过程中,准确地将球传出和接住,培养学生在动态环境下的传接球能力和对传球提前量的判断能力。三角传球和四角传球则通过多名学生之间的循环传接球,增加传接球的难度和复杂性,提高学生的团队协作和传球准确性。

在初步学习封杀技术环节,教师将详细讲解封杀技术的概念、适用场景以及动作要领。封杀技术是软式棒垒球防守中的重要战术动作,当进攻方的跑垒员被迫进垒时,防守方通过将球在跑垒员到达垒位之前传送到垒位上,使跑垒员出局。教师将重点强调封杀时防守队员之间的配合默契度和传球的准确性,以及接球手在垒位上的正确接球姿势和触杀动作。

教学比赛环节则是本学时的重要组成部分,通过组织学生分组进行教学比赛,让学生在实际比赛情境中,将所学的行进间传接球技术和封杀技术进行综合运用,同时体验比赛的紧张氛围和团队协作的重要性。

(二)重点难点被有效攻克

本学时的教学重点在于掌握行进间传球的提前量。在行进间传球过程中,由于传接球双方都处于运动状态,因此准确判断传球的提前量成为关键。学生需要根据自己与接球方的速度、距离以及球的飞行速度等因素,合理地将球传出,确保接球方能够在合适的位置顺利接到球。为了帮助学生掌握这一重点,教师将在迎面跑动传接球练习中,引导学生观察传接球双方的运动轨迹和速度变化,通过反复的练习和调整,逐渐提高学生对传球提前量的判断能力。例如,在练习初期,教师可以让学生先以较慢的速度进行迎面跑动传接球,让学生有足够的时间去观察和思考传球的提前量;随着学生技术水平的提高,逐渐增加传接球的速度和难度,使学生在更接近实际比赛的情境中掌握行进间传球的提前量技巧。

传接球人之间的配合则是本学时的教学难点。在行进间传接球和封杀技术的应用过程中,需要多个防守队员之间密切配合、协同作战。学生往往难以在短时间内形成良好的团队默契,容易出现传球失误、接球漏接或封杀时机不当等问题。为了攻克这一难点,教师将在三角传球、四角传球以及教学比赛等练习环节中,加强对学生团队协作意识的培养和团队配合技巧的训练。例如,在三角传球练习中,教师将强调每个学生在传球过程中的角色和责任,要求学生在传球前观察队友的位置和动作,选择合适的传球时机和方向;在教学比赛中,教师将在比赛间隙对学生的团队配合情况进行分析和总结,针对出现的问题,及时给予指导和建议,通过不断的实践和反思,逐步提高学生传接球人之间的配合默契度。

(三)教法措施创新实践

1. 情境教学与实践演练相结合

教师将创设各种接近实际比赛的情境,让学生在情境中进行行进间传接球和封杀技术的练习。例如,设置模拟比赛场景,在场景中安排进攻方的跑垒员和击球手,让防守方的学生在实际的防守压力下,进行行进间传接球和封杀技术的操作。通过这种情境教学的方式,让学生更加直观地感受到技术在实际比赛中的应用场景和重要性,提高学生的学习积极性和技术应用能力。同时,结合大量的实践演练,如反复进行迎面跑动传接球、三角传球、四角传球以及教学比赛等活动,让学生在实践中不断巩固和提高所学技术,逐步形成良好的肌肉记忆和团队协作默契。

2. 技术分解与整体配合同步

在教学过程中,采用技术分解与整体配合同步进行的教学方法。先将行进间传接球和封杀技术分解为单个的技术动作,如行进间传球的脚步移动、手臂挥动、手指拨球动作,封杀技术的接球姿势、触杀动作等,让学生分别进行练习和掌握。然后,将这些单个技术动作整合到三角传球、四角传球以及教学比赛等整体配合练习中,让学生在实际的团队协作情境中,学会如何将各个技术动作有机地结合起来,实现整体配合的流畅性和有效性。在学生练习过程中,教师将对学生的单个技术动作和整体配合情况进行全面的指导和评价,及时发现问题并给予纠正和改进建议,确保学生能够全面掌握行进间传接球和封杀技术,并在团队协作中熟练应用。

七、第 7 学时：击球与低手传球技术提升

(一)教学内容双轨推进

本学时聚焦于提高击球技术和学习低手传球技术的双轨教学任务，旨在进一步提升学生在软式棒垒球进攻与防守两端的技术能力。在提高击球技术方面，通过两人一组每组一个 T 座，对墙或网 2 米处放置 T 座进行击球练习，让学生在相对稳定的练习环境中，不断强化击球的准确性、力量控制和技术动作的规范性。教师将在练习过程中，对学生的握棒姿势、挥棒动作、击球点选择等方面进行更加精细的指导，根据学生的个体差异，提出针对性的改进建议，帮助学生进一步优化击球技术。

在学习低手传球技术环节，教师将全面讲解低手传球技术的核心要点，包括握球方法、身体姿势、传球动作以及发力顺序等。低手传球技术在软式棒垒球比赛中常用于近距离的快速传球，其特点是动作简洁、隐蔽性强。教师将重点强调低手传球时小臂前挥、屈腕、拨指的动作要领，使学生能够掌握将球平稳传出的技巧。

教学比赛环节依旧是本学时的重要组成部分，通过学生分组进行教学比赛，让学生在实际比赛情境中，将提高后的击球技术和新学的低手传球技术进行综合运用，检验学生的技术水平提升效果，并培养学生在比赛中的战术意识和应变能力。

(二)重点难点靶向突破

本学时的教学重点在于掌握低手传球时小臂前挥、屈腕、拨指的动作要领，使学生能够将球平稳地传出。低手传球的动作相对较为隐蔽和快速，需要学生在短时间内准确地完成一系列动作，将球以合适的速度和方向传给队友。为了帮助学生掌握这一重点，教师将采用分解动作教学法，先让学生进行单独的小臂前挥练习，感受手臂的挥动轨迹和力量传递；然后进行屈腕练习，体会屈腕动作对球的控制作用；最后进行拨指练习，掌握手指拨球的技巧和力度控制。通过这种分解动作练习与连贯动作练习相结合的方式，逐步提高学生低手传球的技术水平。

低手传球时出球平稳则是本学时的教学难点。学生在学习低手传球技术初期,往往难以控制球的飞行轨迹和速度,导致球传出后出现晃动或偏离目标的情况。为了攻克这一难点,教师将引导学生注重身体姿势的稳定性和协调性,在传球过程中保持身体的平衡,避免因身体晃动而影响传球质量。同时,通过大量的两人一组低手传球练习和低手传球游戏,如"低手传球接力赛"等,让学生在实践中不断感受和调整传球的力度、角度和速度,逐渐提高出球的平稳性。在练习过程中,教师将对学生的传球进行实时观察和指导,针对学生出现的问题,及时给予纠正和改进建议。

(三)教法措施多元整合

1. 专项练习与游戏竞赛互补

组织学生进行专项的低手传球练习,如两人一组的低手传球练习,让学生在相对固定的练习模式下,反复练习低手传球的技术动作,强化小臂前挥、屈腕、拨指等动作要领的掌握程度。同时,引入低手传球游戏竞赛环节,如"低手传球接力赛",将学生分成若干小组,每组学生依次进行低手传球接力,在规定的时间内完成传球次数最多且失误最少的小组获胜。通过这种游戏竞赛的方式,不仅能够增加学生的学习兴趣和竞争意识,还能在比赛过程中进一步检验和巩固学生的低手传球技术。在游戏竞赛过程中,教师将作为裁判,严格监督比赛的进行,确保比赛的公平公正。同时,教师将在比赛结束后,对学生的表现进行全面的总结和评价,针对学生在比赛中出现的技术问题,进行再次的讲解和示范,帮助学生不断完善和提高自己的低手传球技术。

2. 个性化指导与团队协作共进

在击球技术和低手传球技术的教学过程中,注重个性化指导与团队协作的有机结合。教师将密切观察每名学生的技术动作表现,根据学生的个体差异,如身体素质、运动天赋、学习能力等,为学生提供个性化的指导和建议。例如,对于力量较大但击球准确性不足的学生,教师将重点指导其击球点选择和挥棒动作的精细化控制;对于协调性较好但低手传球力量较弱的学生,教师将建议其加强手臂力量训练,并在传球动作上进行优化调整。同时,通过教学比赛等团队协作活动,培养学生的团队意识和协作能力。在教学比赛中,教师将引导学生学会相互信任、相互支持,在进攻和防守过程中密切配合,共同为团队的胜利而努力。通过这种个性化指导与团队协作共进的教学方式,使学生在提高个人技术水平的同时,也能更好地融入团队,发挥团队的整体优势。

八、第 8 学时:技术巩固与防守阵型初探

(一)教学内容系统巩固

本学时在进一步学习低手传球技术的基础上,初步引入防守阵型的教学内容,实现了技术巩固与战术知识初步构建的有机结合。在低手传球技术学习方面,通过两人一组练习低手传球以及低手传球游戏等方式,让学生继续强化低手传球的技术动作,提高传球的准确性、速度和稳定性。例如,在两人一组练习低手传球时,教师可以增加传球的距离要求,或者设置一些传球障碍,如要求学生在绕过特定的标志桶后进行低手传球,以提高学生在复杂环境下低手传球的技术应用能力。低手传球游戏则可以设计为"低手传球挑战赛",设定不同的传球目标区域和得分规则,让学生在游戏中竞争,激发学生的练习积极性和技术提升动力。

在初步学习防守阵型环节,教师将详细讲解防守阵型的基本概念、构成要素以及在软式棒垒球比赛中的重要作用。防守阵型是指防守队员在场上的合理位置排列和职责分工,它能够有效地组织防守力量,提高防守效率,应对进攻方的各种进攻策略。教师将重点强调防守队员前后的位置不要重叠,不要站成并排,以确保防守的全面性和有效性。同时,结合简单的示意图和现场演示,让学生初步了解一些常见的防守阵型,如内场的"四角阵型"、外场的"扇形阵型"等。

教学比赛环节则是本学时检验学生技术巩固效果和初步应用防守阵型知识的重要平台,通过学生分组进行教学比赛,让学生在实际比赛情境中,将低手传球技术与防守阵型知识相结合,提高在比赛中的技术运用能力和团队防守意识。

(二)重点难点精准聚焦

本学时的教学重点在于让学生牢记防守队员前后位置的排列原则,即不要重叠且不要站成并排。这一原则是构建合理防守阵型的基础,能够避免防守漏洞的出现,确保防守区域的最大化覆盖。教师将通过详细的理论讲解、现场的实地演示以及反复的练习强化,让学生深刻理解这一重点。例如,在讲解过程中,运用简单的几何图形和人体模型,向学生展示重叠站位和平排站位可能导致的防守盲区;在实地演示中,组织学生模拟不同的防守场景,故意设置错误的站位方式,让学生直观地看到由此产生的防守问题;在练习环节,要求学生在特定的场地范围内,按照正确的站位原则进行排列和移动练习,教师逐个检查并及时纠正错误,确保学生能够熟练掌握。

学会合理选择击球方法,了解重击和轻击的区别,并在教学比赛中合理运用不同的击球方法则是本学时的教学难点。学生需要根据场上的局势、防守队员的站位以及自身的跑垒意图等因素,灵活地选择击球方式。然而,对于初学者来说,准确判断并做出合适的击球选择具有一定的难度。为了突破这一难点,教师将采用案例分析、模拟演练和比赛实践相结合的教学方法。首先,通过分析大量的比赛视频案例,向学生展示不同场景下优秀运动员如何选择击球方法以及产生的效果,引导学生思考和总结其中的规律;然后,在模拟演练环节,设置各种模拟比赛场景,如垒上有跑垒员、不同防守阵型等情况,让学生在实践中尝试运用重击和轻击,并观察和分析结果;最后,在教学比赛中,鼓励学生大胆尝试,教师在比赛间隙和赛后及时给予反馈和指导,帮助学生逐渐提高击球方法选择的合理性和准确性。

(三)教法措施创新驱动

1. 理论与实践交互式教学

将防守阵型的理论知识讲解与实际的场地练习紧密结合,实现理论与实践的交互式教学。在课堂上,教师先通过多媒体演示、黑板绘图等方式,向学生详细讲解防守阵型的理论知识,包括不同阵型的特点、队员位置关系、战术原理等。然后,立即将学生带到操场,按照所讲的防守阵型进行实地站位和移动练习。在练习过程中,教师不断地提出问题和引导思考,如"如果击球手将球击向这个方向,我们的防守阵型应该如何调整?""当前的站位是否符合防守原则,为什么?"通过这种理论与实践的即时互动,让学生更好地理解和掌握防守阵型知识,同时提高他们在实际比赛情境中的应用能力。

2.情境模拟与策略探讨并行

创设丰富多样的比赛情境模拟场景,让学生在模拟场景中进行击球方法选择的练习,并组织学生进行策略探讨。例如,设置"满垒且两击出局"的情境,让学生思考在这种情况下应该采用重击还是轻击,以及如何与跑垒员配合;或者设置"一垒有跑垒员,防守方采用紧缩内场阵型"的情境,引导学生分析击球手的应对策略和击球选择。在模拟演练后,组织学生进行小组讨论,分享自己在不同情境下的击球思路和体会,教师参与讨论并给予点评和指导,帮助学生拓宽思维视野,提高击球策略的制定能力和运用不同击球方法的灵活性。

九、第 9 学时:技术优化与战术深化

(一)教学内容进阶提升

本学时致力于改进低手传球技术,复习防守阵型,并通过教学比赛进一步深化学生对技术和战术的理解与应用。在改进低手传球技术方面,安排两人一组跑动中练习低手传球以及两人一组跑动中练习肩上传球,增加了练习的动态性和难度。在跑动中练习低手传球,要求学生在快速奔跑的过程中,依然能够准确地完成低手传球的技术动作,这有助于提高学生在实际比赛中,面对突发情况时的传球能力。例如,当防守队员在追捕地滚球后需要迅速将球传给其他队友进行封杀或截杀时,良好的跑动中低手传球技术就显得尤为重要。跑动中练习肩上传球则可以进一步巩固学生的肩上传球技术,使其在不同的运动状态下都能熟练运用。

复习防守阵型环节，教师将再次强调防守队员前后位置的排列要求，并通过实际的场地演示和学生的分组练习，加深学生对防守阵型的理解和记忆。同时，结合一些常见的进攻场景，如不同方向的击球、不同数量跑垒员的情况等，讲解防守阵型的动态调整策略，使学生明白防守阵型不是一成不变的，而是需要根据场上局势灵活变化。

教学比赛依旧是本学时的核心教学手段，通过学生分组进行教学比赛，让学生在激烈的比赛竞争中，将改进后的传球技术和复习巩固的防守阵型知识进行综合运用，不断优化自己的技术动作，提高战术执行能力，同时培养团队协作精神和比赛中的应变能力。

(二)重点难点被深度攻克

本学时的教学重点仍然是确保防守队员前后位置的合理排列，避免重叠和并排站位。教师将采用更加严格的检查和纠错机制，在学生进行防守阵型练习和教学比赛时，密切关注学生的站位情况，一旦发现错误，立即暂停比赛或练习进行纠正。同时，通过对比分析正确站位与错误站位在实际防守效果上的差异，让学生更加深刻地认识到这一点的重要性。例如，利用视频回放技术，将学生在比赛中因站位错误导致失分的片段与正确站位下成功防守的片段进行对比播放，让学生直观地看到站位对防守结果的巨大影响，从而自觉地遵守站位原则。

击球力量大小的控制和击球部位的控制则是本学时的教学难点。学生在击球时，往往难以精确地控制击球力量和部位，导致球的飞行方向和距离不符合预期，影响进攻效果。为了攻克这一难点，教师将引入一些辅助练习工具和方法。例如，使用击球力量测试仪器，让学生在击球练习时能够直观地看到自己击球力量的大小，并根据测试结果进行调整；设置特定的击球目标区域，如不同大小的方格或圆圈，要求学生将球击向指定区域，以此来训练学生对击球部位的控制能力。在教学比赛中，教师也将重点关注学生的击球情况，针对出现的问题及时给予指导和建议，鼓励学生在比赛中不断总结经验，提高击球技术的精准度。

(三)教法措施科学优化

1.技术特训与战术演练相融合

针对低手传球和肩上传球技术的改进,设计专门的技术特训方案。例如,进行传球准确性和速度的专项训练,设置不同距离、不同角度的传球目标,要求学生在规定的时间内完成一定数量的准确传球;开展传球力量控制训练,通过调整传球距离和目标的阻力,让学生感受不同力量输出的效果。同时,将这些技术特训与防守阵型的战术演练紧密结合起来。在战术演练中,设置各种复杂的进攻场景,如连续安打、盗垒成功后的局面等,让学生在应对这些场景时,运用所学的传球技术进行防守,并根据防守阵型的要求进行团队协作。通过这种技术特训与战术演练相融合的教学方式,使学生在提高传球技术水平的同时,也能更好地理解和运用防守战术,提高整体防守能力。

2.比赛分析与经验总结联动

在教学比赛结束后,组织学生进行深入的比赛分析和经验总结。首先,让学生回顾自己在比赛中的技术表现,包括传球、击球、跑垒以及防守动作等方面,找出自己存在的问题和不足之处;然后,引导学生分析团队在战术执行方面的情况,如防守阵型的运用是否合理、进攻战术的配合是否默契等;最后,组织学生进行小组讨论,分享自己的比赛经验和心得体会,共同探讨改进的方法和策略。教师在这个过程中,将扮演引导者和总结者的角色,对学生的讨论进行点评和总结,提出专业的建议和指导,帮助学生从比赛中不断学习和成长,提高技术和战术水平。

十、第10学时:进攻技术组合与跑垒技巧强化

(一)教学内容核心强化

本学时着重强化进攻基本技术组合,包括挥击放棒、击跑、连续跑垒等关键环节,并通过教学比赛检验学生的技术掌握程度和应用能力。在挥击放棒教学中,教师将详细讲解和示范挥击放棒的技术动作要领,强调学生在击球后要迅速而规范地放下球棒,避免因甩棒等危险动作造成伤

害或违反比赛规则。同时,要求学生在挥击时要充分发挥身体的力量,提高击球的效果。例如,通过分解动作练习,让学生先掌握正确的挥棒姿势和发力顺序,然后逐渐加入放棒动作的练习,使两者能够自然流畅地衔接。

击跑技术的教学则注重起跑快、冲刺猛、踏垒准的要求。教师将组织学生进行专门的击跑练习,学生列队,每人手持一棒,在教师的统一指挥下,模拟击球后迅速起跑、加速冲刺并准确踏垒的过程。通过反复的练习,提高学生击跑的速度和准确性,培养学生在进攻时的果断性和自信心。

连续跑垒教学是本学时的重点和难点内容之一。教师将重点讲解连续跑垒时的技巧,如提前向外绕跑弧线转弯,跑动转弯时身体自然向内倾,触踏垒垫的内角,不要漏踏垒垫以及注意连续跑垒的时机选择等。通过设置专门的练习场地和道具,如将 T 座间隔 3 米排成一排,T 座直线距离 15 米处放置一块小垫子,学生分成若干组,击跑后迅速踏垫,轮流练习,让学生在实践中逐渐掌握连续跑垒的技巧。

教学比赛环节则为学生提供了将这些进攻技术组合进行实际应用的平台,让学生在比赛中感受进攻节奏,提高进攻效率,同时培养团队进攻战术的配合意识。

(二)重点难点精准突破

本学时的教学重点在于强化进攻基本技术组合,要求学生在击跑后严禁甩棒,起跑快、冲刺猛、踏垒准。教师将通过严格的动作规范训练和反复的练习来确保学生掌握这些重点。在挥击放棒练习中,教师将对学生的放棒动作进行逐个检查和纠正,强调放棒的时机和方式,避免甩棒危险动作的出现;在击跑练习中,采用计时、测距等方式,激励学生提高起跑速度和冲刺能力,并通过设置准确的踏垒标志,让学生反复练习踏垒动作,提高踏垒的准确性。

连续跑垒时要提前向外绕跑弧线转弯,跑动转弯时身体自然向内倾,连续跑垒要触踏垒垫的内角,不要漏踏垒垫以及注意连续跑垒的时机选择则是本学时的教学难点。这些技巧需要学生具备良好的身体协调性和对场上局势的准确判断能力。为了突破这些难点,教师将采用分解动作示范、慢动作演示以及模拟比赛场景练习等多种教学方法。例如,先让学生进行单独的绕跑弧线转弯练习,体会身体姿态的变化和转弯技巧;然后进行慢动作的连续跑垒练习,让学生逐步掌握触踏垒垫内角、避免漏踏垒垫的方法;最后在模拟比赛场景中,让学生根据击球情况和场上防守队员的位置,准确判断连续跑垒的时机,进行完整的连续跑垒练习。在练习过程中,教师将对学生的动作进行实时指导和纠正,帮助学生逐渐攻克连续跑垒的技术难点。

(三)教法措施综合创新

1. 动作分解与连贯练习相结合

针对挥击放棒、击跑和连续跑垒等技术动作,采用动作分解与连贯练习相结合的教学方法。先将每个技术动作分解为若干个小的动作环节,如挥击放棒可分解为准备姿势、引棒、挥棒击球、放棒等环节,分别进行详细的讲解和示范,让学生逐个掌握每个小环节的技术要领。然后,将这些分解动作逐步连贯起来进行练习,使学生能够形成完整的技术动作链。例如,在挥击放棒练习中,先让学生进行原地的准备姿势、引棒和挥棒击球练习,当学生掌握了这些动作后,再加入放棒动作,进行完整的挥击放棒连贯练习。通过这种方式,能够帮助学生更好地理解和掌握进攻技术组合,提高技术动作的准确性和流畅性。

2. 模拟实战与专项训练同步

创设模拟实战的教学环境,让学生在接近真实比赛的情境中进行进攻技术组合的练习。例如,设置模拟比赛场景,安排部分学生担任防守队员,进行击球、击跑和连续跑垒的练习,让学生在实际的防守压力下,提高进攻技术的应用能力。同时,开展专项训练,针对连续跑垒的难点技巧,如绕跑弧线转弯、触踏垒垫内角等,设计专门的训练项目,如设置弧线跑垒通道、在垒垫内角设置明显标志等,让学生进行反复的专项练习。通过模拟实战与专项训练同步进行的教学方式,使学生在提高进攻技术水平的同时,也能更好地适应比赛的节奏和压力,提高在实际比赛中的进攻效率。

十一、第 11 学时:击球次序编排与比赛应用

(一)教学内容战略布局

本学时的核心教学内容是学习编排击球次序,并通过教学比赛让学生将其应用于实际比赛情境中,体会击球次序对比赛结果的重要影响。在学习编排击球次序环节,教师将深入讲解击球次序编排的原则、方法和策略。击球次序的编排并非随意为之,而是需要综合考虑队员的击球能力、跑垒速度、战术意识以及对手的防守特点等多方面因素。教师将通过具体的案例分析和实际的编排演练,让学生理解如何根据这些因素制定出合理的击球次序。例如,一般会将击球能力较强、上垒率较高的队员安排在靠前的击球位置,如第一、二棒,以便在比赛开始时能够迅速上垒,为后续队员创造得分机会;而将击球力量大、擅长长打的队员安排在三、四棒等关键位置,期望他们能够在有跑垒员的情况下,将跑垒员送回本垒得分。

教学比赛则是本学时检验学生击球次序编排能力和整体比赛能力的重要手段。通过学生分组进行教学比赛,让学生在实际比赛中,根据本队队员的实际情况和对手的防守表现,灵活调整击球次序,运用所学的击球技术和战术,争取比赛的胜利。

(二)重点难点靶向攻克

本学时的教学重点在于教学比赛时击球的准确性以及击球员与跑垒员的配合。击球的准确性直接关系到击球员能否成功上垒以及后续战术的实施。教师将在教学比赛前的练习环节,加强对学生击球准确性的训练,如通过设置不同位置和大小的击球目标区域,让学生进行针对性的击球练习;在教学比赛中,教师将密切关注学生的击球情况,及时给予指导和建议,帮助学生提高击球的准确性。击球员与跑垒员的配合则是进攻战术成功的关键,两者需要在击球瞬间和跑垒过程中保持高度的默契。

为了培养这种默契，教师将在教学比赛中引导学生进行沟通和协作，例如，击球员在击球前要观察跑垒员的位置和意图，跑垒员要根据击球员的击球情况及时做出跑垒决策，教师将在比赛间隙对学生的配合情况进行分析和总结，提出改进的方法和建议。

在教学比赛中合理运用技战术则是本学时的教学难点。学生虽然已经学习了多种击球技术、跑垒技术以及一些基本的进攻战术，但在实际比赛中，如何根据场上局势准确判断并合理运用这些技战术，对于学生来说具有一定的难度。为了攻克这一难点，教师将在教学比赛前，组织学生进行战术讨论和模拟演练，让学生熟悉各种常见的比赛场景和应对策略；在教学比赛中，教师将作为场外指导，及时提醒学生注意场上局势的变化，引导学生选择合适的技战术；在比赛结束后，教师将组织学生进行全面的比赛复盘，分析比赛中技战术运用的成功经验和不足之处，通过不断的实践、反思和总结，逐步提高学生在教学比赛中合理运用技战术的能力。

(三)教法措施多元协同

1. 案例教学与实践演练并重

采用案例教学法，收集大量国内外软式棒垒球比赛中关于击球次序编排和技战术运用的经典案例，在课堂上进行详细的分析和讲解。通过分析成功案例中击球次序编排的精妙之处以及技战术运用的时机和效果，让学生学习到先进的比赛经验和策略；同时，通过剖析失败案例中存在的问题和教训，让学生避免在自己的比赛中犯同样的错误。在案例教学的基础上，组织学生进行大量的实践演练，包括击球准确性练习、击球员与跑垒员配合练习以及各种进攻战术的模拟比赛演练等。通过实践演练，让学生将所学的理论知识转化为实际的比赛能力，提高在教学比赛中击球的准确性、击球员与跑垒员的配合默契度以及技战术运用的合理性。

2. 团队讨论与导师指导相结合

在教学过程中，组织学生进行团队讨论，鼓励学生分享自己在击球次序编排和技战术运用方面的想法和经验。例如，在教学比赛前，让学生分组讨论本队的击球次序编排方案，并在小组内进行交流和辩论，共同探讨出最佳的方案;在教学比赛后,组织学生进行全面的比赛总结讨论,让学生分析比赛中自己和团队在击球次序编排、技战术运用等方面的表现,提出问题和改进建议。在团队讨论过程中,教师将作为导师参与其中,给予学生专业的指导和点评。教师将引导学生从不同的角度思考问题,拓宽学生的思维视野,帮助学生更好地理解和掌握击球次序编排和技战术运用的要点,提高学生的团队协作能力和比赛决策能力。

十二、第 12 学时:防守技术拓展与团队精神培育

(一)教学内容深度融合

本学时聚焦于学习补漏、补垒技术,使学生掌握接球时简单配合的基本原则,在提升学生个人防守技术的同时,着重培养学生的团队精神,通过教学比赛强化学生对防守技术和团队协作的综合运用能力。在学习补漏、补垒技术环节,教师将详细讲解补漏、补垒技术的概念、动作要领以及在防守中的重要作用。补漏技术是指当防守队员出现接球失误或未能及时处理来球时,其他队员迅速补位,填补防守漏洞,防止进攻方利用漏洞得分;补垒技术则是在跑垒员试图进垒时,防守队员在垒位附近进行防守,确保垒位的安全,必要时进行封杀或触杀。教师将重点强调提前到接球人后面,减少传接球失误的要点,以及与来球及接球人成一直线但距离不要太近的原则,通过理论讲解、动作示范和实地演练相结合的方式,让学生深入理解和掌握这些技术。

在教学比赛环节,学生分组进行比赛,在比赛中实际运用补漏、补垒技术,体会团队防守的重要性。教师将在比赛过程中观察学生的表现,及时给予指导和反馈,帮助学生不断提高防守技术水平和团队协作能力。

(二)重点难点精准把握

本学时的教学重点在于让学生学会提前到接球人后面,减少传接球失误。这需要学生具备良好的预判能力和快速的移动速度。教师将通过专项的预判训练和移动练习,提高学生的这两项能力。例如,在练习中,教师抛出不同方向和速度的球,让学生预判球的落点和接球人的位置,然

后迅速移动到接球人后面进行补位练习;同时,通过设置一些障碍物或干扰因素,如在场地中放置标志桶或安排其他学生进行轻微干扰,模拟比赛中的复杂情况,提高学生在实际比赛场景下的补位能力。

与来球及接球人成一直线但距离不要太近则是本学时的教学难点。学生往往难以准确把握这个距离,要么距离过近会影响接球人的动作,要么距离过远会无法及时进行补位或协助防守。为了帮助学生攻克这一难点,教师将采用实地演示和反复练习相结合的方法。在实地演示中,教师亲自示范不同情况下的正确距离和位置关系,让学生有直观的感受;然后组织学生进行分组练习,在练习过程中,教师不断巡视并纠正学生的错误,通过重复练习,让学生逐渐形成正确的距离感和位置感。

(三)教法措施创新实施

1. 情境模拟与互动教学相结合

创设丰富多样的防守模拟情境,让学生在模拟场景中进行补漏、补垒技术的练习。例如,设置模拟比赛中的地滚球、高飞球场景,故意安排部分学生在接球时出现失误或困难,让其他学生进行补漏、补垒练习;或者模拟跑垒员快速进垒的场景,让防守队员进行相应的补垒和封杀练习。在情境模拟过程中,鼓励学生之间相互交流、相互提醒,形成良好的互动教学氛围。例如,接球人可以大声呼喊自己的位置和来球情况,补位队员根据接球人的提示迅速做出反应,通过这种互动方式,提高学生之间的沟通和协作能力,同时也有助于学生更好地掌握补漏、补垒技术。

2. 技术分解与团队协作同步

将补漏、补垒技术分解为单个的动作环节,如预判、移动、站位、接球或触杀等,先让学生分别进行单个动作的练习,掌握每个动作的要领。然后,将这些单个动作整合到团队协作的练习中,如进行小组防守练习,在小组内设置不同的防守角色,包括接球人、补位队员、垒位防守队员等,让学生在团队协作中体会各个技术动作之间的衔接和配合。在练习过程中,教师将对学生的单个技术动作和团队协作情况进行全面的指导和评价,及时发现问题并给予纠正和改进建议,确保学生能够熟练掌握补漏、补垒技术,并在团队协作中有效运用。

十三、第 13 学时:防守协作强化与战术意识提升

(一)教学内容有机拓展

本学时在之前防守技术学习的基础上,进一步学习接应技术,通过教学比赛强化学生的集体防守配合意识和默契程度,提升学生在防守战术运用方面的能力。在学习接应技术环节,教师将详细讲解接应技术的概念、动作要领以及在防守中的重要作用。接应技术是指在防守过程中,当队友进行接球或传球时,其他队员迅速给予支持和协助,确保防守动作的顺利完成。例如,当外场手接球后,内场手需要迅速接应,为外场手提供传球的目标和路线选择,同时准备进行后续的防守动作,如封杀或截杀跑垒员。教师将重点强调比赛时队友之间要相互呼应,积极参与防守,出现失误后要鼓励本方队友的要点,通过理论讲解、动作示范和实地演练相结合的方式,让学生深入理解和掌握接应技术。

教学比赛依旧是本学时的重要教学手段,通过学生分组进行教学比赛,让学生在实际比赛中运用接应技术,提高集体防守配合的意识及默契程度,同时让学生在比赛中根据不同的情况合理运用封杀、接杀等技术,提升防守战术的运用能力。

(二)重点难点靶向突破

本学时的教学重点在于提高集体防守配合的意识及默契程度,让学生在比赛中能够迅速、准确地进行接应、封杀、接杀等防守动作。教师将通过大量的团队防守练习和教学比赛来培养学生的这种意识和默契。例如,组织 2—4 人站成一线肩上传接球练习,在练习中强调队员之间的呼应和配合,让学生逐渐养成相互关注、相互支持的防守习惯;开展局部防守练习,如针对内场或外场的特定区域进行防守演练,提高学生在局部区域内的防守配合能力;进行整体防守练习,模拟完整的比赛场景,让学生在全场范围内进行防守协作,提升学生的整体防守意识和默契程度。

防守方根据比赛情况合理运用封杀、接杀等技术则是本学时的教学

难点。学生需要根据击球的方向、速度、跑垒员的位置和跑垒意图等多种因素,准确判断并及时采取合适的防守技术。为了帮助学生突破这一难点,教师将采用案例分析、模拟演练和实时指导相结合的教学方法。在案例分析中,选取大量比赛中的典型场景,向学生详细讲解在不同情况下如何选择封杀或接杀技术以及具体的操作步骤;在模拟演练中,设置各种模拟比赛场景,让学生在实践中尝试运用封杀、接杀技术,并根据结果进行反思和总结;在教学比赛中,教师将在边线外密切关注比赛情况,当学生面临复杂的防守局面时,及时给予指导和建议,帮助学生提高在实际比赛中合理运用防守技术的能力。

(三)教法措施多元创新

1.示范引领与实践体验相结合

教师将通过精准、规范的动作示范,为学生展示接应技术、封杀技术和接杀技术的正确做法。在示范过程中,详细讲解每个技术动作的关键要点、身体姿态和动作顺序,让学生在脑海中形成清晰的动作表象。例如,在示范接应技术时,教师将展示如何根据队友的传球方向和位置迅速移动、调整身体姿态并做好接球准备;在示范封杀技术时,强调防守队员在垒位上的站位、接球动作和触杀时机;在示范接杀技术时,讲解外场手或内场手接球的技巧、脚步移动和传球选择。在动作示范的基础上,组织学生进行大量的实践体验练习,包括2—4人站成一线肩上传接球、局部防守练习、整体防守练习和教学比赛等,让学生在实际操作中不断巩固和提高所学的防守技术,培养集体防守配合的意识和默契。

2.战术讲解与模拟对抗同步

在教学过程中,深入讲解防守战术的基本原则、策略和变化,让学生理解不同防守战术的适用场景和目的。例如,讲解在垒上有跑垒员时如何通过封杀战术阻止跑垒员进垒,以及在何种情况下选择接杀战术更为合适。在讲解战术的同时,组织学生进行模拟对抗练习,将学生分成若干小组,进行模拟比赛。在模拟比赛中,设置不同的比赛局面,如不同数量的跑垒员、不同的击球情况等,让学生在实际对抗中运用所学的防守战术,体会战术的实际效果和变化。教师将在模拟对抗过程中观察学生的表现,及时给予指导和反馈,帮助学生不断优化防守战术的运用,提高防守能力。

十四、第14学时:双杀战术导入与实践

(一)教学内容核心聚焦

本学时重点围绕介绍双杀战术展开,通过详细的讲解、示范和专项练习,让学生深入理解双杀战术的原理、动作要领和团队协作要求,并在教学比赛中进行实践应用,提高学生的防守战术水平和团队配合能力。在双杀战术讲解环节,教师将运用多媒体演示、战术板讲解和实地示范等多种方式,向学生全面展示双杀战术的概念和基本形式。双杀战术是软式棒垒球防守中一种非常有效的战术手段,通常在进攻方有跑垒员且击球后出现特定情况时实施,如地滚球被击出后,防守方通过迅速的传接球配合,在两个连续的防守动作中使两名跑垒员出局。教师将重点讲解双杀战术中传球准确的重要性,以及各个防守队员在战术中的位置、职责和动作顺序。

在教学实践方面,组织学生进行两人一组每组一个T座,对墙或网2米处放置T座进行击球练习,让学生在相对稳定的练习环境中,熟悉击球后可能出现的情况,为双杀战术的实施做好准备;开展三人一组站成三角形练习传接球,提高学生在三角形站位下的传接球准确性和默契程度,这是双杀战术中常见的传接球站位形式;进行双杀战术练习,模拟比赛中的双杀场景,让学生在实践中掌握双杀战术的具体操作步骤;同时,进行整体防守练习,将双杀战术融入整体防守体系中,提高学生在全场范围内运用双杀战术的能力。

教学比赛则是检验学生双杀战术学习成果的重要平台,通过学生分组进行教学比赛,让学生在实际比赛中根据场上局势,准确判断并合理运用双杀战术,提高球队的防守效率和比赛胜率。

(二)重点难点被深度攻克

本学时的教学重点在于确保传球准确,这是双杀战术成功实施的关键环节。教师将通过专项的传球准确性训练来提高学生的传球能力。例如,设置不同距离、不同角度的传球目标,要求学生在规定的时间内完成一定数量的准确传球;开展传球接力游戏,如"三角传球接力赛""四角传球接力赛"等,在游戏中提高学生的传球速度和准确性;在双杀战术练习中,强调每个传球环节的准确性要求,对学生的传球进行实时检查和纠正,确保学生能够将球准确地传送到目标位置。

防守战术的合理运用则是本学时的教学难点。学生不仅要掌握双杀战术的基本形式,还要能够根据比赛中的各种变化情况,如击球的方向、速度、跑垒员的数量和位置等,灵活选择和运用双杀战术或其他防守战术。为了攻克这一难点,教师将采用案例分析、模拟演练和实时指导相结合的教学方法。在案例分析中,选取大量比赛中的双杀成功和失败案例,向学生详细讲解在不同情况下双杀战术的运用时机、技巧和注意事项;在模拟演练中,设置各种复杂的比赛场景,如跑垒员提前离垒、击球手击出内场高飞球等情况,让学生在实践中尝试运用双杀战术,并根据结果进行反思和总结;在教学比赛中,教师将在边线外密切关注比赛情况,当学生面临防守战术选择的困惑时,及时给予指导和建议,帮助学生提高在实际比赛中防守战术运用的合理性和灵活性。

(三)教法措施科学整合

1.理论讲解与实践操作相联动

将双杀战术的理论知识讲解与实践操作紧密结合,形成联动教学模式。在课堂上,先通过多媒体资料、战术板等工具,向学生详细讲解双杀战术的理论知识,包括战术的概念、原理、基本形式、各个防守队员的职责和动作顺序等。然后,立即组织学生进行实地的实践操作练习,如两人一组击球练习、三人一组三角形传接球练习、双杀战术专项练习和整体防守练习等。在实践操作过程中,教师将根据学生的表现,及时回顾和强调相关的理论知识要点,如当学生在传球准确性上出现问题时,再次讲解传球在双杀战术中的重要性以及正确的传球技巧;当学生在战术配合上出现失误时,重新梳理各个防守队员的职责和动作顺序。通过这种理论讲解与实践操作的联动教学,让学生更好地理解和掌握双杀战术,提高教学效果。

2.团队协作训练与比赛检验并行

注重双杀战术实施中的团队协作训练,通过各种练习形式,如两人一组、三人一组和整体防守练习等,培养学生之间的默契和协作能力。在团队协作训练中,强调队员之间的沟通、信任和相互支持,让学生明白双杀战术的成功实施离不开每个队员的努力和配合。同时,将教学比赛作为检验学生双杀战术学习成果和团队协作能力的重要手段。在教学比赛中,观察学生在实际比赛中双杀战术的运用情况,包括战术的选择是否合理、传球是否准确、队员之间的配合是否默契等方面。比赛结束后,组织学生进行比赛总结和反思,针对比赛中出现的问题,进行再次的理论讲解和实践操作练习,通过不断的训练、比赛、总结和反思,逐步提高学生的双杀战术水平和团队协作能力。

十五、第 15 学时:规则深入学习与实战应用

(一)教学内容关键强化

本学时着重深入学习软式棒垒球比赛规则,并通过教学比赛强化学生对规则的理解和实际应用能力。在软式棒垒球比赛规则讲解环节,教师将对比赛规则进行全面、详细的解读,包括比赛的基本流程、局数设定、得分规则、胜负判定标准、球员的行为规范、各种犯规情况的界定以及裁判的判罚尺度等方面。教师将采用多种教学方法,如多媒体演示、规则手册解读、实际案例分析等,帮助学生深入理解规则的内涵和应用场景。例如,通过播放比赛视频片段,在关键节点暂停视频,向学生提问并讲解当时所涉及的比赛规则,让学生在实际比赛情境中理解规则的具体应用;结合规则手册,对一些容易产生歧义或混淆的规则条款进行详细的文字解读和对比分析,加深学生的记忆和理解。

教学比赛则是本学时的核心教学手段,通过学生分组进行教学比赛,让学生在实际比赛中运用所学的比赛规则,体验教学规则在比赛中的重要性和实际影响。教师将在教学比赛中担任裁判或指导角色,严格按照比赛规则进行判罚和指导,及时纠正学生在比赛中出现的违反规则的行为,同时解答学生在规则应用过程中产生的疑问,帮助学生进一步熟悉和掌握比赛规则。

(二)重点难点精准把握

本学时的教学重点在于确保学生在比赛中能够正确运用比赛规则。这需要学生不仅要熟悉规则的条文内容,还要能够在实际比赛的紧张氛围和复杂情况下,准确判断并遵守规则。教师将通过反复的规则讲解、案例分析和模拟比赛练习来强化学生的规则应用能力。例如,在规则讲解后,组织学生进行规则问答竞赛,检验学生对规则的记忆和理解程度;开展模拟比赛场景的规则应用练习,设置一些常见的比赛情况,如跑垒员的离垒时机、击球手的击球动作规范等,让学生判断是否符合规则,并说明理由;在教学比赛中,教师将重点关注学生在规则应用方面的表现,对出现的错误及时进行纠正和讲解,通过多次的实践和反馈,提高学生正确运用比赛规则的能力。

所学习软式棒垒球基本技术的实战应用则是本学时的教学难点。虽然学生已经学习了多种软式棒垒球的基本技术,如传接球、击球、跑垒等,但在实际比赛中,如何将这些技术有效地结合起来,根据场上局势灵活运用,对于学生来说仍然具有一定的难度。为了攻克这一难点,教师将在教学比赛前,组织学生进行技术回顾和战术讨论,让学生明确在不同比赛情况下应优先运用哪些技术和战术;在教学比赛中,教师将在边线外观察学生的技术运用情况,当学生出现技术运用不合理或失误时,及时给予指导和建议,如当击球手在击球时未能根据投手的投球情况选择合适的击球技术,教师将提醒学生注意观察投球的速度、方向和变化,调整击球策略;在比赛结束后,组织学生进行比赛复盘,分析比赛中技术运用的成功经验和不足之处,通过不断的实践、反思和总结,逐步提高学生基本技术的实战应用能力。

(三)教法措施创新驱动

1. 规则解读与案例剖析相融合

将软式棒垒球比赛规则的解读与实际案例剖析深度融合,提高学生对规则的理解和应用能力。在课堂上,教师先对比赛规则进行系统的讲解,然后引入大量的实际比赛案例,包括国内外经典比赛中的规则争议案例、常见的犯规案例以及正确运用规则的成功案例等。针对每个案例,组织学生进行深入的讨论和分析,让学生从不同的角度思考案例中所涉及的规则问题,如球员的行为是否符合规则、裁判的判罚是否合理、如果自己是裁判或球员应该如何处理等。通过这种规则解读与案例剖析相融合的教学方法,让学生更加直观地理解规则的内涵和应用场景,提高学生在实际比赛中运用规则的准确性和灵活性。

2. 技术回顾与比赛指导协同

在教学过程中,注重软式棒垒球基本技术的回顾与教学比赛指导的协同进行。在教学比赛前,组织学生对之前所学的传接球、击球、跑垒等基本技术进行回顾和复习,通过示范、练习等方式,强化学生对基本技术的掌握程度。在教学比赛中,教师将在边线外密切关注学生的技术运用情况,为学生提供实时的比赛指导。当学生在传接球时出现失误,教师可及时指出其技术动作上的问题,如传球时手臂发力不充分、接球时手型不正确等,并给予正确的示范和改进建议;当学生在击球环节表现不佳时,教师可根据投手的投球特点和学生的击球动作,分析其存在的不足,如击球时机把握不准、挥棒轨迹不理想等,帮助学生调整击球策略;对于跑垒过程中的问题,如跑垒路线选择错误、离垒时机不当等,教师也能及时给予纠正和指导。通过这种技术回顾与比赛指导协同的教学方式,使学生在巩固基本技术的同时,能够更好地将其应用于实际比赛中,提高比赛中的技术运用水平和竞技表现。

十六、第 16 学时：裁判培训与比赛实践

(一)教学内容专项深化

本学时聚焦于软式棒垒球裁判培训工作,同时结合教学比赛,让学生在实践中巩固裁判知识与技能,提升对整个软式棒垒球比赛流程和规则把控的能力。在裁判培训环节,教师将系统地讲解软式棒垒球裁判的相关知识,包括比赛中的各种术语、裁判手势以及判罚原则等。例如,详细介绍"安全""出局""击数"等常用术语的准确含义和适用场景,通过反复强调和举例说明,让学生深刻理解这些术语在比赛中的重要性和正确用法;对于裁判手势,教师将进行标准动作的示范教学,如指示界内球、界外球、出局、安全上垒等手势,要求学生逐个模仿练习,确保手势的准确性和规范性,因为清晰、准确的裁判手势是保证比赛顺利进行和公平公正的关键因素之一。

教学比赛依旧是本学时不可或缺的部分,学生分组进行比赛,在比赛过程中,学生将有机会实践所学的裁判知识和技能,担任裁判角色,对比赛进行判罚。教师将在一旁进行监督和指导,及时纠正学生在裁判过程中出现的错误,如术语使用错误、手势不规范、判罚不准确等问题,帮助学生逐步提高裁判水平。

(二)重点难点靶向攻克

本学时的教学重点在于让学生准确说出各种裁判术语,并能做出标准的裁判手势。为了帮助学生掌握这一重点,教师将采用多种教学方法。首先,通过多媒体展示专业裁判在比赛中的术语使用和手势示范视频,让学生有直观的学习参考;然后,组织学生进行集体练习,如分组进行术语背诵比赛、手势动作模仿比赛等,激发学生的学习积极性和竞争意识;在练习过程中,教师将对学生的表现进行逐个检查和纠正,确保每个学生都能准确地说出术语和做出标准的手势。

做出正确的裁判判罚则是本学时的教学难点。学生需要在比赛的动态环境中,根据复杂的比赛情况,迅速、准确地运用所学的裁判知识进行

判罚,这需要学生具备较强的规则理解能力、观察能力和应变能力。为了攻克这一难点,教师将结合大量的实际比赛案例分析,向学生讲解在不同情况下的判罚依据和方法;在教学比赛前,组织学生进行模拟裁判练习,设置各种可能出现的比赛场景,如界内球与界外球的判定、跑垒员的犯规情况判断等,让学生在模拟环境中积累判罚经验;在教学比赛中,教师将实时关注学生的判罚情况,当学生出现判罚错误或犹豫不决时,及时给予指导和解释,帮助学生提高判罚的准确性和自信心。

(三)教法措施多元整合

1. 理论讲解与模拟演练相结合

将裁判知识的理论讲解与模拟演练紧密结合,提高学生的裁判技能。在课堂上,教师先系统地讲解裁判术语、手势和判罚原则等理论知识,让学生对裁判工作有初步的了解。然后,立即组织学生进行模拟演练,如设置小型的模拟比赛场景,让学生分组进行裁判实践,在实践中运用所学的理论知识。在模拟演练过程中,教师将根据学生的表现,及时回顾和强调相关的理论知识要点,如当学生在某个手势上出现错误时,再次讲解该手势的正确动作和含义;当学生在判罚原则上出现混淆时,重新梳理相关的规则和判罚依据。通过这种理论讲解与模拟演练相结合的教学方法,让学生更好地理解和掌握裁判知识与技能,提高教学效果。

2. 小组竞赛与导师点评并行

组织学生进行小组竞赛,如裁判术语背诵竞赛、手势动作准确性竞赛、模拟比赛判罚准确性竞赛等,激发学生的学习兴趣和竞争意识。在小组竞赛过程中,学生将更加积极主动地学习和练习裁判知识与技能,努力提高自己所在小组的竞赛成绩。同时,教师将作为导师对学生的表现进行点评,在竞赛结束后,针对每个小组和学生个人的表现,指出其优点和不足之处,并提出改进的建议和方法。通过这种小组竞赛与导师点评并行的教学方式,让学生在竞争中学习,在学习中不断提高自己的裁判水平,同时也能更好地认识自己在裁判知识与技能学习方面的差距,明确努力的方向。

十七、第17学时：比赛综合提升与优化

(一)教学内容全面优化

本学时主要通过教学比赛，全面提升学生在软式棒垒球比赛中的综合能力，包括裁判手势的规范性、声音的响亮程度，以及合理运用比赛规则和技战术的能力等。在教学比赛前，教师将再次强调裁判手势的标准动作和声音要求，如指示各种情况时手势要清晰、有力、规范，同时配合响亮的口令，让场上的球员和观众都能清楚地了解裁判的判罚结果。这不仅有助于比赛的顺利进行，也能增强学生作为裁判的自信心和权威性。

对于比赛规则和技战术的合理运用，教师将在赛前组织学生进行回顾和讨论，分析之前比赛中在规则运用和技战术选择上存在的问题和成功经验，引导学生在本次比赛中更加合理地运用规则，根据场上局势灵活选择和执行技战术。例如，在进攻时，根据对方防守阵型和投手的特点，选择合适的击球策略，如针对防守内场手站位较深的情况，采用轻击或触击战术，以打乱对方防守布局；在防守时，根据击球的方向、速度和跑垒员的情况，迅速调整防守阵型，合理运用封杀、接杀、双杀等战术，提高防守效率。

在教学比赛过程中，教师将密切关注学生的表现，对学生在裁判手势、规则运用和技战术执行等方面的问题及时给予指导和纠正，确保学生在比赛中不断提升自己的综合能力。

(二)重点难点深度突破

本学时的教学重点在于让学生的裁判手势标准且声音响亮，以及在比赛中合理运用比赛规则和技战术。为了实现裁判手势标准且声音响亮的目标，教师将在教学比赛前进行专项训练，如让学生反复练习各种裁判手势的标准动作，同时大声喊出相应的口令，通过重复练习，形成肌肉记忆和良好的发声习惯。在比赛过程中，教师将对学生的手势和声音进行实时监督，一旦发现问题，立即暂停比赛进行纠正，确保学生能够在实际比赛环境中保持标准的裁判表现。

在比赛中合理运用比赛规则和技战术则是本学时的教学难点。学生需要在比赛的瞬息万变中,准确判断场上局势,迅速做出正确的决策并执行相应的技战术,同时还要确保自己的行为符合比赛规则。为了突破这一难点,教师将采用案例分析、模拟演练和实时指导相结合的教学方法。在案例分析中,选取更多复杂的比赛案例,向学生详细讲解在各种情况下如何综合运用规则和技战术,如在满垒且两队出局的情况下,进攻方和防守方的最佳策略选择;在模拟演练中,设置更加接近实际比赛的场景,让学生在实践中尝试不同的规则运用和技战术组合,并根据结果进行反思和总结;在教学比赛中,教师将在边线外密切关注比赛情况,当学生面临复杂的决策时,及时给予指导和建议,帮助学生提高在实际比赛中合理运用规则和技战术的能力。

(三)教法措施创新驱动

1. 专项训练与实战演练相结合

针对裁判手势标准且声音响亮的教学重点,开展专项训练。如组织学生进行手势动作集训,通过分解动作练习、慢动作示范和快速重复练习等方式,让学生熟练掌握各种裁判手势的标准动作;同时进行发声训练,教导学生如何运用腹部力量发声,使声音更加响亮、清晰、有穿透力。在专项训练的基础上,结合实战演练,即教学比赛,让学生在实际比赛环境中巩固和提高裁判手势和声音的表现水平。在实战演练过程中,教师将对学生的表现进行实时评估和反馈,及时发现问题并给予纠正,确保学生能够将专项训练的成果有效地应用于实际比赛中。

2. 策略指导与即时反馈相结合

在比赛规则和技战术运用的教学方面,注重策略指导与即时反馈的结合。在教学比赛前,教师对学生进行详细的策略指导,如分析不同比赛局面下的规则要点和技战术选择原则,通过战术板讲解、视频案例分析等方式,让学生对各种可能出现的情况有充分的了解和准备。在教学比赛中,教师在边线外密切关注学生的表现,当学生在规则运用或技战术执行方面出现问题时,立即给予即时反馈,如通过喊话、手势或暂停比赛进行讲解等方式,帮助学生及时调整策略,避免错误的延续。比赛结束后,组织学生进行全面的比赛复盘,总结比赛中规则运用和技战术执行的成功经验和不足之处,通过不断的策略指导、实战演练、即时反馈和总结反思,逐步提高学生在比赛中合理运用规则和技战术的能力。

十八、第18学时:技术考评与总结

(一)教学内容向核心聚焦

本学时的核心教学内容是对学生进行软式棒垒球技术考评,通过科学、全面的考评体系,评估学生在整个单元教学过程中的学习成果,包括肩上传球、T座击球、教学比赛等方面的技术水平和综合表现。在技评项目确定方面,选择肩上传球作为考核学生传球技术的重要指标,重点考察学生在传球时的上下肢协调配合、传球准确性、力量控制以及动作规范性等方面的能力;T座击球则用于考核学生的击球技术,主要评估学生的握棒姿势、挥棒动作、击球准确性、力量发挥以及对不同击球情况的应对能力;教学比赛则是综合考察学生在实际比赛情境中的技术运用能力、战术理解与执行能力、团队协作精神以及比赛中的应变能力等多方面素质的重要环节。

(二)考评流程规范实施

1.标准公布与细则解读

教师首先公布考评标准及注意事项,详细向学生解释每个技评项目的具体评分标准和扣分细则。例如,在肩上传球考核中,明确规定传球准确性达到一定标准的得分范围,如传向指定区域内的球数量占总传球数量的比例;传球力量和速度的评估方式,如通过测量传球的飞行距离或使用测速仪器;动作规范性的扣分点,如身体姿势不正确、手臂挥动不顺畅等情况的扣分标准。对于T座击球考核,同样详细说明握棒姿势、挥棒动作符合标准的得分条件,击球准确性的评分依据,如击中目标区域的次数或球的飞行方向与预期目标的偏差程度,以及力量发挥的评估方法,如根据球的飞行距离和速度进行综合判断。在教学比赛考核方面,制定出针对技术运用、战术执行、团队协作和应变能力等方面的具体评分细则,如在技术运用方面,观察学生在传接球、击球、跑垒等基本技术上的失误次数和熟练程度;在战术执行方面,评估学生是否能够根据场上局势正确选择和执行进攻或防守战术;在团队协作方面,考察学生在比赛中的沟通、配合和相互支持情况;在应变能力方面,关注学生在面对突发情况时的反应速度和处理方式。

2.考评实施与公正评判

在考评过程中,教师严格按照公布的标准和细则进行评判。对于肩上传球考核,组织学生在规定的场地和条件下进行传球测试,教师在一旁仔细观察每个学生的传球动作,记录传球的准确性、力量和速度等数据,并根据评分标准进行打分。T座击球考核时,学生依次进行击球练习,教师观察学生的握棒、挥棒和击球效果,按照相应的评分标准给予评价。教学比赛考核则通过教师在比赛现场的全程观察和记录,对学生在比赛中的各项表现进行综合评估。在整个考评过程中,教师秉持公正、公平、公开的原则,确保每个学生的考评结果真实反映其技术水平和综合能力,为学生的学习成果提供客观、准确的评价,同时也为教师总结教学经验、改进教学方法提供有力的依据。

第三节 软式棒垒球的教案范例

一、教学目标设定:全面发展的教育蓝图

(一)技能目标:精研软式棒垒球技艺

1.击球技巧的深度雕琢

握棒姿势的精准掌握:引导学生理解双手在球棒上的最佳着力点,手指的放置需契合人体力学原理,以实现对球棒的稳固掌控并能灵活施力。通过反复的空手握持练习与教练的细致纠正,让学生找到最适宜自身的握棒方式,为后续有力挥棒奠定基础。

挥棒动作的规范内化：从起始的准备姿势，身体重心的合理分布，到腰部带动身体的扭转，手臂以流畅且协调的轨迹挥动球棒，再到击球瞬间将全身力量汇聚于球棒击球点的爆发，以及击球后的随挥动作以保持身体平衡和力量的持续传递，每一个环节都进行详尽的分解教学与实践演练。使学生在面对不同速度与轨迹的投球时，能迅速做出精准反应，调整挥棒节奏与角度，将球精准击向预定区域，无论是追求内场的巧妙穿越还是外场的强力远击。

2. 接球与传球技能的扎实锤炼

接球技巧的全方位提升：教导学生依据球的飞行特征，如速度、高度、旋转等，快速预判落点，及时调整自身站位与身体姿态。对于高飞球，需掌握仰头观察、快速后退或侧移并适时伸出双手接球的技巧，利用手套的良好弹性与手部的缓冲动作确保稳稳接住；对于地滚球，要学会降低重心、灵活移动脚步，以合适的姿势用手套接球并迅速过渡到传球动作，减少球在手套中的停留时间，提高防守效率。

传球技能的精确打磨：从身体的侧身站位，借助下肢蹬地力量启动传球动作，通过腰部扭转带动上半身发力，手臂以正确的摆动幅度和角度将球推送出去，到依据传球距离和目标位置准确判断传球力量与方向，每一个细节都进行反复练习与强化指导。培养学生在不同防守场景下，如近距离的快速传杀或远距离的精准长传，都能以高准确率将球传至队友手中，有效阻止对方进攻或发起反击。

3. 跑垒技巧的熟练驾驭

跑垒路线与速度的完美结合：让学生熟知各个垒位间的精确距离与最佳跑垒路线，通过起跑姿势的优化、加速过程的节奏把握以及在垒间转弯时身体重心的巧妙转移，实现快速且高效的跑垒。例如，在从本垒冲向一垒的过程中，掌握合理的起跑时机与爆发性的加速技巧，使冲刺时间达到最短，同时能根据场上局势灵活应变，如在队友击球瞬间判断是否冒险进行偷垒或在击球后准确判断继续跑垒的可行性，以最大化得分机会。

滑垒技能的安全与高效运用：教授学生多种滑垒技巧，如直线滑垒、勾式滑垒等,使其能根据不同的垒位情况与防守压力选择最合适的滑垒方式。在练习中,注重滑垒动作的规范性与安全性,强调身体的保护与对垒位的准确触碰,避免受伤的同时提高上垒成功率,为球队进攻增添有力保障。

(二)体能目标:锻造强健的运动体魄

1.上肢力量的显著强化

专项训练与技能结合:通过系统的击球练习与投球训练,让学生的上肢肌肉在反复的发力动作中得到深度刺激与锻炼。同时,辅助以俯卧撑、哑铃练习等针对性的力量训练项目,依据学生的体能状况制定科学合理的训练强度与组数,逐步提升上肢肌肉的力量、耐力与爆发力。使学生在击球时能产生更强劲的力量,显著增加球的飞行距离与速度,在投球时以更高的球速和更精准的控制方式压制对方击球手。

力量增长的量化评估与进阶:定期对学生的上肢力量进行量化评估,如测量击球距离的增长幅度、投球速度的提升数据等,依据评估结果调整训练计划,为学生设定个性化的力量提升目标,激励学生不断挑战自我,实现上肢力量的持续进阶,以适应软式棒垒球运动对上肢力量日益增长的要求。

2.下肢力量与爆发力的稳步提升

多元练习促进全面发展:借助跑步、跳跃、滑垒等多种练习活动,全方位锻炼学生的下肢肌肉群。在跑步练习中,设置不同距离、速度与地形的跑步项目,如短跑冲刺、长跑耐力训练以及弯道跑技巧练习,提高下肢的速度、耐力与灵活性;在跳跃练习中,包括垂直跳、跳远、跳绳等项目,增强腿部肌肉的爆发力与协调性;在滑垒练习中,着重训练腿部在快速滑行与制动过程中的力量控制与反应能力。使学生在跑垒时能实现更快的起跑速度、更迅猛的加速能力以及在防守移动中能迅速且稳定地变换位置,有效应对场上各种突发情况。

爆发力训练的科学方法与监控:采用科学的爆发力训练方法,如间歇训练法、超时长训练法等,合理安排训练强度与休息时间,避免过度训练导致受伤。同时,利用先进的运动监测设备,如运动传感器、心率监测仪等,实时监控学生在训练过程中的身体状态与运动数据,确保训练的安全性与有效性,根据监测数据及时调整训练方案,促进学生下肢力量与爆发力的稳步提升。

3. 耐力与协调性的持续培养

模拟比赛与专项训练融合:通过组织长时间的练习赛或连续的技能训练环节,让学生的身体逐渐适应长时间的运动负荷,提高耐力水平。在训练过程中,注重技能动作之间的衔接与转换,如击球、跑垒、接球、传球等动作的连贯性与协调性,避免因疲劳导致动作变形或失误。例如,在模拟比赛中,设置多局比赛且适当延长每局比赛时间,要求学生在比赛过程中始终保持良好的运动状态与技能发挥,培养其在高强度对抗与长时间比赛中的耐力与心理韧性。

协调性训练的多样化手段:运用多样化的协调性训练手段,如绳梯训练、敏感性训练器材练习、瑜伽与普拉提中的平衡与协调动作等,提高学生身体各部位在软式棒垒球运动中的协同工作能力。通过这些训练,使学生在复杂的运动场景下,如快速跑垒过程中的转身、接球瞬间的身体姿态调整以及传球时全身力量的协调传递等,都能做到精准控制与流畅执行,减少因协调性不足导致的失误,提升整体运动表现。

(三)情感与团队目标:塑造健全的体育人格

1. 运动热情与兴趣的深度激发

趣味教学点燃参与激情:采用富有趣味性的教学方法,如情境教学法,将软式棒垒球运动的教学场景设置为充满挑战与冒险的体育世界,让学生在角色扮演中体验运动的乐趣;运用多媒体教学资源,播放精彩的软式棒垒球比赛视频、运动员的成长故事等,激发学生对运动的向往与热爱。同时,设计多样化的练习形式,如小组竞赛、个人挑战等,让学生在不同的挑战中获得成就感与自信心,从而主动投入到软式棒垒球运动的学习与实践中,养成定期参与体育活动的良好习惯,将运动融入日常生活,为终身健康奠定基础。

兴趣培养的个性化引导：关注学生的个体差异与兴趣偏好，提供个性化的学习与体验机会。例如，对于对击球技巧感兴趣的学生，提供专门的击球技巧提升训练与挑战项目；对于喜欢防守策略的学生，组织防守战术研讨与模拟演练活动。通过满足学生的个性化需求，进一步加深他们对软式棒垒球运动的兴趣与热爱，使每个学生都能在运动中找到属于自己的乐趣与价值。

2.团队合作意识与集体荣誉感的牢固树立

团队练习铸就默契协作：在教学过程中精心设置大量的团队练习项目，如团队接力击球比赛、多人传球配合练习等。在这些练习中，让学生明确每个位置在团队中的独特作用与相互关联，通过不断的沟通、协作与磨合，逐渐形成高度的默契。例如，在团队接力击球比赛中，学生们需要根据前一位队友的击球情况迅速做出反应，调整自己的击球策略与跑垒计划，同时为后续队友创造更好的进攻机会，在这个过程中深刻体会到团队成员之间相互支持、相互配合的重要性，增强团队凝聚力与向心力。

比赛体验升华集体荣誉：组织丰富多样的团队比赛，从班级内部的小组对抗赛到年级之间的友谊联赛，让学生在激烈的比赛竞争中感受团队的力量与集体荣誉的珍贵。在比赛中，当团队通过紧密协作取得胜利时，共同分享喜悦与荣耀，激发学生为团队荣誉而努力拼搏的决心；当遭遇失败时，引导学生共同反思、相互鼓励，培养学生在挫折面前不屈不挠的精神与团队共克时艰的信念，使团队合作意识与集体荣誉感深深扎根于学生心中，成为他们在软式棒垒球运动乃至未来生活中宝贵的精神财富。

3.竞争意识与挫折承受能力的有效培养

竞争环境磨砺进取精神：在教学与比赛中，营造公平、公正、激烈的竞争环境，让学生在与队友和对手的竞争中不断挑战自我、超越自我。无论是在技能训练中的个人成绩比拼，还是在团队比赛中的胜负较量，都鼓励学生勇于展现自己的实力与风采，激发他们的竞争意识与求胜欲望。通过设置具有挑战性的目标与奖励机制，如最佳击球手、最佳防守队员、冠军团队等荣誉称号与相应奖励，激励学生在竞争中努力提升自己的技能水平与综合素质，培养积极向上的进取精神。

挫折教育塑造坚韧品格：引导学生正确看待比赛和训练中的胜负结果，将失败视为成长的机遇与学习的契机。当学生遭遇挫折时，如在比赛中失利或在技能训练中遇到瓶颈，教师及时给予心理疏导与技术指导，帮助学生分析失败原因，总结经验教训，制订改进计划。通过组织挫折分享会、成功案例分析等活动，让学生明白挫折是体育竞技乃至人生道路上不可避免的一部分，只有具备坚韧不拔的意志品质，才能在挫折中崛起，在失败中前行，不断追求卓越，实现自我价值的升华。

二、教学重难点分析：突破关键，提升教学质效

(一)教学重点：夯实软式棒垒球基础

1.击球技巧核心要点的精准把握

握棒与发力的协同机制：深入讲解握棒姿势与击球发力点之间的内在联系，让学生明白正确的握棒方式是实现高效发力的前提。通过手部不同位置的施力分析与示范，如手指的扣紧、手掌的贴合以及手腕的灵活转动，引导学生感受力量在身体各部位的传递路径与汇聚方式，使学生在击球瞬间能将下肢蹬地的力量、腰部扭转的力量以及上肢挥动的力量有机结合，通过球棒精准地传递到球上，实现有力击球。

挥棒动作规范的严格执行：强调挥棒动作各个环节的规范性与连贯性，从准备姿势的身体平衡与肌肉放松，到挥棒过程中的身体转动轴的稳定、手臂摆动的平面控制以及击球时身体重心的合理转移，都进行详细的讲解与反复的示范。要求学生在练习中严格按照规范动作进行，通过慢动作分解练习、对比练习等方式，及时纠正学生在挥棒动作中出现的错误，如身体重心过早偏移、手臂过度弯曲或伸直、挥棒轨迹偏离等问题，确保学生掌握标准的挥棒动作，提高击球的准确性与稳定性。

2.防守动作规范的严格恪守

接球姿势与技巧的精准优化：针对不同类型球的接球，细致讲解接球姿势与技巧的关键要点。对于高飞球，着重训练学生的空间感知能力与

身体协调能力,通过抬头观察、快速移动脚步与准确判断落点,采用双手高举过头、手掌心向上的接球姿势,利用身体的缓冲动作减少球的冲击力,确保接球的稳定性;对于地滚球,强调身体重心的降低、膝盖的弯曲以及双脚的灵活移动,根据球的反弹方向和速度,采用合适的手套位置与手部动作进行接球,如手套贴近地面、手指向下的姿势,迅速将球接住并过渡到传球动作,提高防守效率。

传球动作规范的高效执行:从传球的起始姿势,身体的侧身站位与重心分布,到传球过程中的手臂摆动幅度、速度与方向控制,再到传球出手时的手指拨球动作与身体的跟随动作,都进行系统的教学与严格的训练。要求学生掌握根据不同距离和目标位置调整传球力量与方向的技巧,通过短距离快速传球练习、中距离精准传球练习以及远距离大力传球练习,让学生在不同场景下都能准确地将球传至队友手中,避免因传球失误导致对方得分或进攻机会增加。

3. 团队战术配合的深度领悟与实践

进攻战术的灵活运用:详细讲解进攻时击球跑垒配合的多种战术,如牺牲打战术、打而跑战术、盗垒战术等,让学生理解每种战术的适用场景、实施步骤与关键要点。通过战术板讲解、视频分析以及现场模拟演练等方式,使学生明白击球手与跑垒员之间的默契配合是进攻成功的关键。例如,在牺牲打战术中,击球手要根据跑垒员的位置和速度,选择合适的击球方向与力度,将球击向有利于跑垒员推进的区域,即使自己可能会被封杀出局;跑垒员则要准确判断击球手的意图,提前做好起跑准备,在击球瞬间果断行动,争取安全上垒。通过反复的模拟练习与实战应用,让学生在比赛中能够根据场上局势灵活运用进攻战术,提高得分效率。

防守战术的默契协作:深入剖析防守时的站位与补位配合战术,如内场手之间的双杀战术、三杀战术,外场手与内场手之间的接力传球战术等。通过图示讲解、实地演示以及分组对抗练习,让学生明白不同位置守场员在防守过程中的职责与协作方式。例如,在双杀战术中,一垒手、二垒手和游击手要根据击球的方向和速度,迅速做出反应,准确地接球、传球,形成默契的配合,将跑垒员封杀在垒位上。在练习过程中,注重培养学生的团队意识与沟通能力,让学生学会在防守过程中通过呼喊、手势等方式及时传递信息,相互补位,避免出现防守漏洞,构建严密的防守体系。

(二)教学难点:攻克软式棒垒球挑战

1. 击球节奏与时机的精准掌控

投球类型分析与应对策略:深入分析不同速度和类型投球的特点与变化规律,如快速球的直线高速飞行、曲线球的弯曲轨迹、变速球的速度变化等,让学生了解每种投球对击球节奏和时机的影响。通过观看投球视频、慢动作回放以及现场投球演示等方式,帮助学生建立对不同投球的视觉感知与预判能力。同时,针对不同投球类型,教授学生相应的击球节奏调整方法与时机把握技巧,如面对快速球时,要提前做好击球准备,缩短引棒时间,加快挥棒速度;面对曲线球时,要耐心等待球的轨迹变化,在球进入最佳击球点时果断挥棒;面对变速球时,要敏锐感知球的速度变化,调整挥棒节奏,确保在球速最慢的瞬间击球,以提高击球成功率。

实践经验积累与心理调适:击球节奏和时机的精准掌控需要学生通过大量的实践练习来积累经验,在不断的击球尝试中逐渐形成肌肉记忆与本能反应。教师在教学过程中,要为学生提供丰富的击球练习机会,包括不同速度和类型投球的组合练习、模拟比赛场景下的击球练习等,让学生在实践中不断总结经验教训,提高击球的节奏感与时机把握能力。同时,注重学生的心理调适,在面对复杂多变的投球时,帮助学生保持冷静、自信的心态,克服紧张、焦虑等不良情绪的影响,使学生能够在比赛中发挥出最佳的击球水平。

2. 防守中球的落点与反弹方向的准确判断

环境因素分析与应对技巧:详细讲解影响高飞球落点和地滚球反弹方向的各种环境因素,如风力、场地状况、击球力度和角度等。通过理论知识讲解与实地观察分析相结合的方式,让学生了解不同风力大小和方向对高飞球飞行轨迹的影响,以及场地平整度、硬度、湿度等因素对地滚球反弹方向的改变。同时,教授学生相应的应对技巧,如在有风的情况下,根据风向调整接球位置和姿势;在不同场地条件下,提前预判地滚球的反弹高度和方向,采用合适的接球方法。例如,在逆风情况下接高飞球时,要适当向后站位,增加接球的缓冲距离;在场地较硬的情况下接地滚球时,要降低身体重心,准备好应对球的快速反弹。

视觉追踪与反应能力训练:通过专门的视觉追踪训练和反应能力训练,提高学生对球的飞行轨迹和反弹方向的判断能力。采用视觉追踪练习器材,如眼球运动训练仪、动态目标追踪软件等,训练学生的眼球快速移动和聚焦能力,使其能够在球飞行过程中始终保持清晰的视觉追踪。同时,开展反应能力训练项目,如反应球练习、快速启动与停止练习等,提高学生的神经反应速度与身体协调能力,使学生能够在球落地或反弹的瞬间迅速做出准确的判断和反应,及时移动到合适的位置进行接球,减少防守失误。

3. 团队战术的灵活应变与高效执行

战术理解深度与应变能力培养:在教学过程中,不仅要让学生掌握各种团队战术的基本步骤和要点,更要注重培养学生对战术的深入理解和应变能力。通过战术案例分析、战术讨论与创新等活动,让学生明白战术是根据场上局势动态变化的,在比赛中需要根据对手的防守特点、己方队员的状态以及比赛的实际情况灵活运用战术。例如,在进攻时,如果发现对方防守队员的站位存在漏洞,可以及时调整击球策略,选择攻击其薄弱教师组织部分学生扮演不同角色,模拟真实比赛场景,让学生更加直观地感受牺牲打战术在实际比赛中的应用。例如,教师指定一名击球手和一名跑垒员,向其他学生展示击球手如何根据跑垒员所在垒位和防守队员的站位,有目的地将球击向特定区域,如击向一垒方向的地滚球,使跑垒员能够顺利从一垒跑向二垒,同时自己甘愿被一垒手封杀出局,以换取跑垒员的推进和得分机会。

在进攻战术的模拟练习中,将学生分成两队进行对抗。进攻队在实施牺牲打战术时,需要队员之间密切沟通与协作。击球手要准确判断跑垒员的速度和意图,以及防守队员的防守重点,选择合适的击球时机和击球方向;跑垒员则要提前做好起跑准备,根据击球手的击球情况迅速做出反应,果断跑向下一垒位。防守队则要根据进攻队的战术安排,及时调整防守站位和防守策略,如一垒手要迅速判断击球手的击球方向,做好接球和封杀跑垒员的准备;其他内场手要根据球的落点和跑垒员的跑垒路线,进行补位和协防。通过多次模拟练习,让学生在实践中逐渐掌握进攻战术的运用技巧,提高团队配合的默契度,同时也让学生学会根据场上局势灵活调整战术,增强比赛的应变能力。

4. 防守战术讲解与模拟练习的有效实施

教师讲解内场手之间的双杀战术配合时,借助详细的图示和现场演示,剖析该战术的关键环节。在图示中,清晰地展示出当击球手击出地滚球时,一垒手、二垒手和游击手的初始站位、移动路线以及接球和传球的顺序与方向,让学生明白双杀战术是如何通过队员之间的紧密协作,将跑垒员封杀在垒位上,从而有效地遏制对方的进攻。在现场演示中,教师组织学生模拟不同的击球情况,如击向一垒和二垒之间的地滚球、击向二垒和游击手之间的地滚球等,展示内场手在各种情况下的正确反应和配合方式。例如,当球击向一垒和二垒之间时,一垒手迅速跑向球的落点,接球后迅速传给二垒手,二垒手在接到球的同时,要观察跑垒员的位置,若有跑垒员从一垒跑向二垒,则将其封杀在二垒,然后再将球传给一垒,完成双杀。

在防守战术的模拟练习中,两队再次进行对抗,此次重点突出防守方的战术运用。防守队员要根据击球的方向、速度和跑垒员的跑垒情况,迅速做出正确的判断和反应。在练习过程中,教师要强调防守队员之间的沟通与协作,如通过呼喊、手势等方式及时传递球的位置、跑垒员的动向等信息,以便其他队员能够及时进行补位和协防。同时,教师要对防守队员的站位、移动速度、接球和传球等动作进行严格的监督和指导,及时纠正错误动作,确保防守战术的有效执行。通过反复的模拟练习,让学生熟悉防守战术的操作流程,提高团队协作的效率,增强防守的稳定性和可靠性。

(三)比赛实践环节:实战检验,总结提高

1. 比赛组织与现场指导要紧密配合

组织学生进行一场完整的软式棒垒球比赛时,教师要提前做好充分的准备工作。确定比赛的规则、场地、参赛队伍和人员安排等事项,确保比赛的公平性和顺利进行。在比赛过程中,教师作为裁判,要严格按照比赛规则进行判罚,维护比赛的秩序和公正性。同时,教师要时刻关注学生在比赛中的表现,包括技能运用、战术执行、团队合作、心理素质等方面。对于学生在比赛中出现的技能失误,如击球不中、接球脱手、传球失误等,教师要及时给予指导和纠正,提醒学生注意动作的要领和细节;对于战术运用不当的情况,如进攻战术过于单一、防守战术出现漏洞等,教师要在适当的时候暂停比赛,组织学生进行讨论和分析,提出改进的建议和方法;对于团队合作方面的问题,如队员之间沟通不畅、配合不默契等,教师要引导学生加强交流与协作,增强团队凝聚力。

在比赛间隙,教师要充分利用时间对比赛中出现的问题进行简短而有效的讲解和纠正。例如,如果发现某队在进攻时跑垒员与击球手之间缺乏默契,教师可以召集该队队员,讲解跑垒员与击球手在不同情况下的配合要点,如击球手击球后跑垒员的起跑时机、跑垒路线的选择,以及击球手如何根据跑垒员的情况调整击球策略等,通过现场讲解和示范,让学生在比赛中及时改进,提高比赛水平。

2. 赛后总结与反思的全面深入

比赛结束后,组织学生进行总结和反思是教学过程中的重要环节。让学生分享自己在比赛中的感受和体会,每个学生都可以从自己的角度出发,谈谈在比赛中遇到的困难、取得的进步、对团队合作的认识以及自己表现的评价等。例如,有的学生可能会提到在击球时面对对方投手的变化球感到紧张,导致击球失误,通过这次比赛认识到自己在心理素质和应对变化球能力方面需要加强;有的学生可能会分享在防守过程中与队友配合完成一次关键的双杀时的喜悦和成就感,体会到团队合作的重要性。

教师对比赛进行全面的评价时,要从多个维度进行分析。在技能表现方面,评价学生的击球、接球、传球、跑垒等技能的掌握程度和运用水平,指出哪些学生在哪些技能上表现出色,哪些学生还存在不足,并提出针对性的改进建议;在战术运用方面,分析各队在进攻和防守战术上的运用是否合理、灵活,是否能够根据场上局势及时调整战术,总结成功的战术案例和失败的教训,为学生今后的战术学习和运用提供参考;在团队合作方面,观察队员之间的沟通、协作、相互支持的情况,评价团队的凝聚力和战斗力,鼓励学生在今后的比赛中进一步加强团队合作。通过全面深入的赛后总结与反思,让学生从比赛中吸取经验教训,明确自己的努力方向,为下一次教学和比赛奠定良好的基础。

(四)放松环节:舒缓身心,促进恢复

1.慢走放松的有序进行

学生进行慢走放松时,围绕球场慢走一圈的过程要保持轻松、舒缓的节奏。教师可以引导学生调整呼吸,使其与步伐相配合,采用深呼吸的方式,慢慢地吸气,然后缓缓地呼气,帮助学生放松身心,缓解比赛和练习带来的紧张情绪。在慢走过程中,学生可以适当摆动双臂,放松肩部和背部肌肉,同时放松腿部肌肉,让身体逐渐从激烈的运动状态恢复到平静状态。教师要在旁边进行监督和引导,确保学生按照正确的方式进行慢走放松,避免学生在放松过程中出现打闹或其他不适当的行为。

2.静态拉伸的精准实施

全身的静态拉伸在放松环节中起着关键作用。针对上肢的肱二头肌、肱三头肌,教师指导学生进行相应的拉伸动作。例如,拉伸肱二头肌时,学生可以一只手握住同侧上臂的肘部,将上臂向身体方向拉近,感受肱二头肌的拉伸,保持20—30秒;拉伸肱三头肌时,学生可以将一只手臂向上伸直,然后用另一只手握住该手臂的肘部,向身体后方拉,使肱三头肌得到拉伸。对于下肢的大腿前侧肌群、后侧肌群和小腿肌群,也有专门的拉伸方法。拉伸大腿前侧肌群时,学生可以站立位,一手握住同侧脚踝,将脚向上拉,感受大腿前侧肌肉的拉伸;拉伸大腿后侧肌群时,学生可

以仰卧位,抬起一条腿,双手抱住大腿后侧,尽量将腿向身体拉近;拉伸小腿肌群时,学生可以站在台阶边缘,后脚跟悬空,然后缓慢地将后脚跟向下压,感受小腿肌肉的拉伸。在拉伸过程中,教师要提醒学生注意拉伸的力度和幅度,避免过度拉伸导致肌肉拉伤,通过精准的静态拉伸,帮助学生缓解肌肉疲劳,减少肌肉酸痛的发生,促进身体的恢复,为下一次的软式棒垒球学习和训练做好准备。

第五章　软式棒垒球比赛攻防策略

第一节　软式棒垒球比赛战略技术

一、重要起点

　　一支球队需要明确自身是倾向于以强大的进攻火力压制对手，还是凭借稳固的防守体系克敌制胜，亦或是在攻守平衡之间寻求突破。这种风格定位并非一蹴而就，而是基于球队成员的身体素质、技术特长以及战术素养等多方面因素综合考量后得出的结果。例如，若球队拥有一批身体素质出色、爆发力强且击球技术精湛的队员，那么打造一支以进攻见长的球队风格或许是明智之举；反之，若队员们在防守技巧、团队协作以及位置感方面表现卓越，则可侧重于构建坚固的防守阵容，以防守反击为主要战略导向。

　　球队的训练和比赛指导思想更是战略的灵魂所在。它犹如一盏明灯，指引着球队在日常训练和各类比赛中的行动方向。这一指导思想可能强调技术细节的精雕细琢，注重通过高强度的重复训练来提升队员的基本技术水平；也可能侧重于战术配合的默契度培养，通过模拟各种比赛场景，让队员们在实战演练中不断强化团队协作意识和战术执行能力。例如，有的球队秉持"技术为基，战术为翼"的指导思想，在训练中先确保队员们掌握扎实的击球、接球、传球和跑垒等基本技术，然后逐步引入复杂的战术体系，使队员们能够在坚实的技术基础上灵活运用战术。

　　球队的长短期奋斗目标设定则为战略规划提供了清晰的阶段性任务与长远愿景。短期目标可能是在某次地区性赛事中取得优异成绩，进入前几名；中期目标或许是在全国性的联赛中崭露头角，提升球队知名度；而长期目标则可能是打造一支具有国际影响力的软式棒垒球强队。这些目标的设定不仅能够激励队员们在训练和比赛中全力以赴，还能为球队的资源配置、人员选拔与培养以及训练计划的制订提供明确的依据。

团队的配套管理制度和守则是战略得以有效实施的保障机制。完善的管理制度涵盖了队员的选拔标准、训练纪律、比赛奖惩细则等多个方面。例如，严格的队员选拔制度能够确保球队招募到具有潜力和实力的队员，为球队注入新鲜血液；明确的训练纪律要求队员们按时参加训练、认真执行训练任务，避免因个人原因影响球队整体训练进度；合理的比赛奖惩细则则能够激发队员们在比赛中的积极性和竞争意识，对表现出色的队员给予奖励，对违反比赛规则或团队纪律的队员进行相应处罚。

球队的团结拼搏精神和强烈的荣誉感、责任感是战略成功的内在动力源泉。在软式棒垒球比赛中，团队精神的重要性不言而喻。队员们只有心往一处想、劲往一处使，在比赛中相互信任、相互支持，才能在面对困难和挑战时勇往直前。强烈的荣誉感和责任感能够促使队员们在训练中刻苦努力，在比赛中为了球队的荣誉不惜付出一切代价。例如，当比赛进入关键时刻，队员们为了球队的胜利，会毫不犹豫地拼尽全力去争取每一个机会，无论是在防守端全力阻止对手得分，还是在进攻端努力为球队创造得分契机。

在构建实力雄厚的防守阵容和强打群方面，战略规划需要综合考虑队员的个人能力、位置适配性以及团队战术配合需求。对于防守阵容，要根据内场和外场不同位置的特点，选拔具备相应防守技能和反应速度的队员。例如，内场手需要具备快速的反应能力、精准的接球和传球技巧，能够在短时间内处理各种来球并迅速发动进攻；外场手则需要有良好的奔跑速度、较强的判断能力和出色的接球范围，能够有效地防守外场区域，防止对手击出长打造成得分威胁。强打群的打造则侧重于选拔击球技术出色、具有较强爆发力和战术意识的队员，通过合理的击球次序安排，在比赛中形成强大的进攻火力。

教练员在比赛前的信息收集与分析工作也是战略层面的关键环节。他们需要广泛收集各支参赛队的详细信息资料，包括对手的队员阵容、技术特点、战术风格、近期比赛表现以及比赛习惯等。例如，了解到对手的某名投手擅长某种特定类型的投球，如快速球或变化球，教练员就可以针对性地制定击球策略，指导队员们如何应对这种投球，提高击球成功率。在对这些信息进行深入分析、综合研究后，教练员要制订出详细的比赛模拟对象，对敌我双方的特点、实力、技战术风格以及拼搏作风等做出客观可靠的评估。在此基础上，精心排出本队最佳上场阵容和击球次序，并制定相应的应变措施。例如，根据对手的防守特点和投手风格，合理安排本队强打队员的击球位置，使其能够在关键时刻获得更多的击球机会；同时，针对对手可能采取的战术变化，提前制定多种应对预案，确保球队在比赛中能够灵活应对各种局面，做到知己知彼，百战百胜。

(二)战术:特定局面下的制胜策略

与战略的全局性和根本性不同，"战术"在软式棒垒球比赛中是为了充分发挥技术水平，争取胜利所采取的具体方法。它聚焦于比赛中的特定局面、场合下所采取的打法和对策，具有明显的局部性特征。战术的运用是在比赛进程中，根据当时场上的具体形势和比分情况而制定的。例如，当比赛处于某一局的上半局，本队处于防守状态，且对手有跑垒员在垒上时，防守队员需要根据跑垒员所在垒位、击球手的特点以及场上的局势，采取相应的防守战术。可能是通过内场手的紧密防守站位，防止击球手击出地滚球造成跑垒员推进；也可能是安排外场手进行适当的补位，防范击球手击出高飞球形成安打。这些战术都是针对特定的场上局面而设计的，旨在阻止对手得分，保护本队的领先优势或缩小比分差距。

战术的制定与实施需要充分考虑队员的技术能力和特长。例如，若本队有一名速度极快的游击手，在防守战术中就可以充分发挥他的速度优势，安排他在防守某些区域时进行快速补位或及时发动双杀战术。在进攻方面，如果有一名擅长长打的队员，在特定局面下，如垒上有跑垒员且需要快速得分时，可以安排他尝试击出长打，将跑垒员送回本垒得分。

战术虽局限于特定场合和局面,但它与战略相互依存、相互联系。没有战术的支撑,战略就如同空中楼阁,缺乏实际的操作手段和实现途径。例如,即使球队制定了以进攻为主的战略,但如果没有具体的进攻战术,如击球战术、跑垒战术等,这一战略也无法在比赛中得以有效实施。反之,没有战略的引领,战术则会陷入盲目和无序。战术的选择和运用必须在球队整体战略的框架内进行,符合球队的风格特点和比赛目标。例如,在一场以防守反击为战略的比赛中,进攻战术的制定就不能过于激进,而应注重在防守稳固的基础上寻找反击机会,通过高效的战术配合实现得分。

在某些关键时刻,战术的运用甚至能够对比赛的全局产生决定性影响。例如,在比赛的决胜局,比分胶着的情况下,一次成功的战术执行,如偷垒战术、牺牲打战术等,可能直接改变比赛的结果。这充分说明了战术在软式棒垒球比赛中的重要性,即使它在整体上属于局部性的策略,但局部的成功或失败往往能够引发连锁反应,最终影响全局的成败。因此,在软式棒垒球比赛中,我们既要重视战略的规划与制定,又要高度重视战术的灵活运用,尤其是在比赛的关键时刻,更要凭借精准的战术决策和出色的战术执行能力来争取胜利。

二、软式棒垒球比赛战术的特点和要求:多元维度的考量与实践

(一)战术制定的依据与创新

1.知己知彼与特长发挥

制定软式棒垒球比赛战术的首要前提是在充分了解敌我双方情况的基础上,最大限度地发挥本队的特长优势,坚持以我为主的原则,同时勇于突破传统思维,积极创新和探索新的战术打法。

在深入了解本队队员的过程中,教练员需要全面评估队员们的身体素质、技术水平、心理素质以及比赛经验等多方面因素。例如,对于身体强壮、力量较大的队员,可以安排在强打位置,充分发挥其击球力量优势,

在进攻战术中承担更多的得分任务;而对于灵活性高、速度快的队员,则可将其部署在跑垒位置,利用其速度在跑垒过程中制造机会,如通过偷垒、抢分等战术来扰乱对手的防守布局,为本队创造得分契机。

对对手的分析同样不可或缺。这包括分析对手的整体实力、技术特点、战术偏好以及近期比赛表现等。例如,如果了解到对手的内场防守较为薄弱,本队在进攻战术制定时就可以针对这一弱点,增加击向内场的球数,试图通过地滚球或高飞球突破内场防线,形成安打或造成对手防守失误,从而为本队跑垒员创造推进和得分的机会。

在战术创新方面,球队不能局限于传统的战术模式,而应结合现代软式棒垒球运动的发展趋势和本队实际情况,大胆尝试新的打法。例如,传统的进攻战术可能注重单个队员的击球和跑垒能力,而现代战术可以更加注重团队的整体配合和战术变化。可以设计一些复杂的战术组合,如连续的牺牲打与偷垒配合,先通过牺牲打将跑垒员推进到更有利的位置,然后在对手防守注意力集中在跑垒员时,实施偷垒战术,出其不意地攻占下一个垒位,增加得分的可能性。

2. 集思广益与统一行动

战术方案的制定不应是教练员的个人独断,而应广泛征求队员们的意见和建议,做到集思广益。队员们作为比赛的直接参与者,他们在比赛实践中积累了丰富的经验和独特的见解。例如,一线队员在日常训练和比赛中,对自身的技术特点、对手的防守习惯以及场上各种局面的应对方式有着更为直观的感受和认识。通过组织队员们进行战术讨论,让他们分享自己的想法和经验,可以使战术方案更加完善和贴合实际。

然而,在广泛收集意见的同时,必须确保整个球队对战术方案有统一的认识和行动。一旦战术方案确定,所有队员都要坚决执行,不能各自为战。这就需要在日常训练中加强战术配合的演练,让队员们熟悉各种战术的执行流程和彼此间的配合要点。例如,在执行双杀战术时,一垒手、二垒手和游击手之间的传球顺序、接球位置以及跑垒员的封杀动作都需要经过反复训练,形成默契,确保在比赛中能够迅速、准确地完成战术动作,避免因个别队员的失误或擅自行动而导致战术失败。

在充分发挥每个队员主观能动性方面,教练员要善于根据队员的特点和能力,赋予他们在战术执行过程中一定的自主决策空间。例如,在跑垒战术中,跑垒员可以根据场上的实际情况,如投手的投球动作、防守队员的站位和传球意图等,灵活决定自己的跑垒时机和路线。但这种自主决策必须在球队整体战术框架内进行,不能脱离团队的战术目标。

(二)战术运用的灵活性与实效性

1.虚实结合与随机应变

软式棒垒球比赛战术的运用讲究虚实结合,出其不意,攻其不备。这要求球队在制定和执行战术时,不能过于刻板和单一,而应通过巧妙的战术设计和灵活的执行方式,使对手难以捉摸。

在进攻战术中,可以采用真假动作相结合的方式来迷惑对手。例如,击球手在准备击球时,可以通过调整自己的站位、姿势或挥棒动作,让对手难以判断其击球意图。有时可以做出大力击球的假动作,吸引防守队员的注意力,然后突然改变击球方向或力度,将球击向防守薄弱的区域,形成安打。跑垒员在跑垒过程中也可以运用虚晃动作,如在离垒时做出试图偷垒的假动作,迫使对手进行防守动作,然后根据对手的反应再决定下一步的行动,是继续偷垒还是返回原垒位。

在防守战术方面,同样可以通过虚实结合的方式来增加对手进攻的难度。例如,防守队员可以在站位上进行适当的调整,看似对某个区域进行重点防守,实则是在引诱对手击球到其他区域,然后迅速进行补位和防守动作。还可以在传球时机和方向上进行变化,如故意做出向某个垒位传球的假动作,然后突然改变传球方向,将球传向真正需要防守的位置,破坏对手的进攻节奏。

随机应变是战术运用的关键能力之一。比赛场上的局势瞬息万变,球队必须能够根据实际情况及时调整战术。例如,当发现对手的投手状态不佳,投出的球速度较慢且缺乏变化时,本队的进攻战术可以从保守的试探性击球转变为积极的进攻,增加击球的力量和攻击性,试图通过连续的安打得分。反之,当本队的进攻遇到对手强大的防守压力,连续被封杀出局时,教练员应及时调整进攻战术,如改变击球次序、采用牺牲打等战术,为跑垒员创造推进机会。

2.形成特色与稳定发挥

为了在软式棒垒球比赛中取得长期的竞争优势,球队需要根据自身的实际情况,逐步打造具有本队特色的战术体系,并确保队员们能够稳定地发挥战术水平。

球队有特点意味着球队在整体战术风格上要有独特之处。例如,有的球队以快速进攻著称,他们通过培养队员们的速度优势和高效的跑垒战术,在比赛中迅速得分,给对手造成巨大的压力;有的球队则以坚固的防守见长,凭借出色的防守站位、精准的传球和强大的封杀能力,使对手难以得分,通过防守反击来赢得比赛。

人有特长则要求在战术体系中充分发挥每个队员的个人特长。例如,对于具有超强击球能力的队员,可以围绕他设计专门的进攻战术,如让他在关键时刻进行击球,争取打出本垒打或长打,直接得分或为跑垒员创造大量的推进机会。对于防守能力突出的队员,可以将他安排在关键的防守位置,如内场的游击手或外场的中心位置,充分发挥其防守范围大和防守技术精湛的优势,成为球队防守的核心力量。

在战术运用过程中,要注重稳定性和连贯性。不能因为一场比赛的胜负或某个特定局面而随意改变已经成熟的战术体系。只有通过长期的训练和比赛实践,不断完善和优化战术体系,使队员们在各种情况下都能够熟练地运用战术,才能在比赛中取得稳定的成绩。例如,在面对不同实力和风格的对手时,球队可以在保持自身战术特色的基础上,进行适当的调整和优化,但不能完全摒弃原有的战术体系,而是要在继承中发展,在发展中创新。

(三)战术与技术、意识及人员因素的关联

1.技术为基与阶段侧重

战术的有效运用离不开扎实的技术基础。软式棒垒球的基本技术包括击球、接球、传球、跑垒等,这些技术的熟练程度和精准度直接影响着战术的执行效果。例如,在执行牺牲打战术时,击球手需要具备精准的击球技术,能够将球击向特定的区域,以确保跑垒员能够顺利推进;在防守双杀战术中,防守队员的接球和传球技术必须过硬,能够迅速、准确地完成接球和传球动作,实现对跑垒员的封杀。

在球队的不同发展阶段,应合理处理技术与战术的关系,有所侧重地进行训练。在基础训练期间,应以技术训练为重点,通过大量的重复练习,让队员们掌握扎实的基本技术。例如,安排专门的击球练习时间,让队员们反复练习不同类型的击球动作,提高击球的准确性和力量;进行接球和传球的专项训练,提升队员们的防守技术水平。在这个阶段,虽然也会涉及一些简单的战术介绍和演练,但主要目的是让队员们了解战术的基本概念和配合方式,为后续的战术训练奠定基础。

进入赛前集训期间,则应突出技术在战术中的运用。将已经掌握的基本技术与各种战术相结合,通过模拟比赛场景的实战演练,让队员们在实际操作中提高战术执行能力。例如,在进攻战术演练中,要求击球手根据不同的战术安排,如触击战术、强打战术等,运用相应的击球技术;跑垒员要在战术指导下,准确地把握跑垒时机和路线,提高跑垒的成功率。通过这种有针对性的赛前集训,使队员们能够在比赛中更加自如地运用战术,发挥出球队的整体实力。

2. 战术意识与决策意识

战术意识是软式棒垒球比赛战术有效运用的核心要素,它是战术的高级形式,决定着战术的运用是否得当以及战术选择是否最佳。

战术意识涵盖了对比赛局势的敏锐洞察力、对对手意图的准确判断能力以及对本队战术执行情况的实时监控能力等多个方面。在比赛中,具有良好战术意识的队员能够迅速根据场上的各种信息,如投手的投球动作、击球手的击球方向、跑垒员的跑垒速度和位置以及防守队员的站位等,做出正确的战术决策。例如,当一名击球手看到对手的外场手站位靠后时,他能够意识到这是一个击出长打的好机会,从而调整自己的击球策略,争取打出远距离的安打。

教练员在培养队员战术意识方面起着关键作用。在日常训练中,可以通过战术讲解、案例分析、模拟比赛等多种方式,提高队员对不同战术的理解和运用能力。例如,在战术讲解时,详细分析各种战术的适用场景、关键环节以及可能出现的变化情况,让队员们在理论上对战术有深入的认识;通过观看经典比赛案例视频,让队员们观察优秀运动员在比赛中的战术决策过程,学习他们如何根据场上局势灵活运用战术;在模拟比赛中,设置各种复杂的局面,让队员们在实践中锻炼自己的战术意识,提高应对突发情况的能力。

3.人员因素与战术成败

战术的运用不仅要考虑场上的局面因素,更要充分考虑人的因素,因为即使是最佳的战术选择,如果人员选择错误或队员临场状态不佳,都可能导致战术失败。

在人员选择方面,教练员需要根据队员的技术水平、比赛经验、心理素质以及当前的身体状态等因素,合理安排上场队员和确定击球次序。例如,在关键比赛中,选择心理素质稳定、大赛经验丰富的队员担任重要位置,如最后一棒击球手或关键防守位置的队员,能够提高球队在关键时刻的应对能力。同时,要关注队员的身体状态,避免因队员受伤或疲劳而影响战术执行效果。

队员的临场状态对战术成败有着至关重要的影响。比赛中的压力、对手的表现以及现场观众的氛围等因素都可能影响队员的心理和生理状态。例如,一名平时击球技术出色的队员,在面对强大对手或重要比赛时,可能会因为紧张而出现击球失误;一名防守能力较强的队员,在比赛疲劳或受到对手干扰时,可能会出现防守漏球或传球失误等情况。因此,教练员需要在比赛中密切关注队员的状态变化,及时进行调整和鼓励,帮助队员保持良好的状态,确保战术能够顺利实施。

(四)战术的成功率与复杂性考量

1. 百分比比赛与指挥艺术

软式棒垒球比赛具有较高的不确定性,即使是由教练最得力的队员执行最佳战术,也不能保证100%成功。这是因为比赛中涉及众多因素,如队员的临场发挥、对手的防守表现、突发的意外情况(如天气变化、场地状况等)等。

在双方势均力敌的情况下,教练员的指挥水平在很大程度上体现在能否不断提高战术成功的百分比。这需要教练员具备丰富的比赛经验、敏锐的洞察力和果断的决策能力。例如,在进攻战术中,教练员要根据对手的防守特点和场上局势,选择合适的战术时机。当发现对手的防守出现漏洞或破绽时,及时下达战术指令,让队员们抓住机会执行战术,提高得分的概率。在防守战术中,根据对手的进攻节奏和击球特点,灵活调整防守布局和战术策略,如适时地进行内场手的收缩或外场手的补位,增加防守的成功率。

教练员还可以通过对比赛数据的分析和研究,来提高战术决策的科学性。例如,分析本队和对手在不同局面下的击球成功率、跑垒成功率、防守成功率等数据,了解双方的优势和劣势,从而在比赛中更有针对性地制定和调整战术。

2. 复杂局面与动态变化

软式棒垒球比赛的场上局面复杂多变,再加上人的因素(即9个上场队员特点和教练员特点),使得攻守战术更加复杂且处于动态变化之中。

场上局面的复杂性体现在多个方面。例如,不同的垒位上有跑垒员时,进攻和防守的策略就会截然不同。当一垒有跑垒员时,防守方可能会采取牵制跑垒员的战术,防止其偷垒,同时关注击球手的击球方向,准备进行双杀或封杀跑垒员;进攻方则可能会利用跑垒员的牵制作用,为击球手创造更好的击球机会,或者尝试通过牺牲打等战术让跑垒员推进。随着比赛的进行,比分的变化、局数的增加以及队员体力的消耗等因素都会使场上局面不断发生变化,从而要求战术也随之调整。

人的因素进一步加剧了这种复杂性和动态变化。每个队员都有自己独特的技术特点、比赛风格和心理状态,这些因素会影响他们在比赛中的战术执行能力。例如,一名进攻型队员可能在面对压力时更倾向于冒险进攻,而一名防守型队员可能会更加保守和稳健。教练员的指挥风格和决策方式也会对比赛战术产生重大影响。不同的教练员在面对相同的局面时,可能会做出不同的战术选择,这取决于他们的战术理念、对队员的了解程度以及对比赛局势的判断。

在这种复杂多变的情况下,教练员必须善于抓住战机改变战术或发现问题及时改变战术。例如,当发现对手的某名投手连续投出多球且状态不佳时,可迅速调整进攻战术,让队员们积极进攻,争取在这一阶段得分;当本队的防守出现漏洞或队员连续失误时,及时调整防守站位或更换防守队员,加强防守力量。可以说,教练员善抓战机和随机应变的能力,是衡量其战术水平高低的重要标志,也是决定比赛胜负的重要因素之一。在软式棒垒球比赛中,教练员需要时刻保持清醒的头脑,密切关注场上的各种变化,通过精准的战术决策和灵活的战术调整,带领球队在复杂的比赛环境中取得胜利。

第二节　软式棒垒球比赛防守策略

一、局部和全场的防守阵型:构建稳固防线的基石

(一)指挥核心:投手与捕手的关键角色

在软式棒垒球的防守舞台上,投手与捕手犹如乐队的指挥,掌控着防守阵型的节奏与变化。投手(自由人)凭借其在场上的中心位置和对击球手的直接对峙,成为内外场手阵型变化的主要调动者。投手的每一个动作、每一次投球选择,都能微妙地影响着防守队员的站位。例如,当投手观察到击球手的准备姿势或过往击球倾向显示其可能偏好击打内角球时,投手可通过特定的暗号或身体语言,示意内场手尤其是一垒手和三垒

第五章 软式棒垒球比赛攻防策略

手向内侧适当移动,缩小击球手可能的击球落点范围,从而增加防守成功的概率。同时,投手的投球速度、旋转和轨迹变化也会促使外场手相应地调整深度和横向位置。一个快速的直线球可能需要外场手站位稍浅,以便能迅速反应并处理可能的强袭球;而变化多端的曲线球或变速球则可能让外场手适当拉宽站位,以应对击球手可能因判断失误而击出的偏离方向的球。

捕手在防守阵型组织中的作用同样不可小觑,尤其是在关键局面下。捕手身处本垒后方,拥有观察全场局势的绝佳视角,能清晰洞悉击球手的细微动作、跑垒员的起跑意图以及各个垒位的动态。在紧张的比赛进程中,如满垒且两队出局的关键时刻,捕手的出声指挥能够迅速引导局部防守队员进行针对性调整。例如,若捕手察觉击球手可能采取触击战术以牺牲自己保送跑垒员得分,捕手会立即高喊指令,让内场手全体前移,压缩击球手触击成功后的跑垒空间,同时提醒投手改变投球策略,尽量投出低平球以增加触击难度,从而有效化解进攻方的战术意图。

(二)基础站位原则:空间分布的科学与艺术

组织防守阵型时,相邻位置队员的站位布局遵循着严格的科学与艺术准则。左右方向上,避免站成平排而保持一定纵向分布,这是基于对软式棒垒球运动中击球方向多样性的深刻理解。击球手在击球瞬间,可能将球击向从一垒到三垒的广阔横向区域,平排站位易导致防守队员之间出现间隙,给进攻方可乘之机。通过纵向分布,不同位置的队员能够形成层次分明的防线,有效覆盖更广泛的横向区域。例如,内场手的纵向站位使一垒手、二垒手和三垒手在面对地滚球或低平球时,能依据球的速度、弹跳和滚动方向,依次进行拦截和处理,极大提高了防守的成功率。这种布局就如同精心编织的一张网,将击球手可能的击球方向全面覆盖,让球难以轻易突破防线。

前后方向上,队员间不重叠且保持一定距离,这一原则旨在防止击球手利用防守队员站位的重合,巧妙地将球击向前后队员之间的空隙,从而引发防守混乱。合理的前后距离赋予每个队员充足的空间进行移动和反应,无论是面对地滚球、高飞球还是直线球,都能迅速做出精准的防守动作。以外场手为例,他们在前后方向的合理分布,使其在追接高飞球时,可依据球的落点和飞行轨迹,灵活调整奔跑路线和接球位置,避免因与其他队员站位重叠而相互干扰,确保顺利接球。这种前后站位的布局恰似为每个防守队员划定了专属的"责任田",在各自的空间范围内高效地完成防守任务,同时又能与相邻队员形成无缝对接,共同构建起坚固的防守壁垒。

如此精心设计的站位方式,使全队 9 人能够均匀地分布在场内,形成一个有机整体,为相互间的默契配合奠定了坚实基础。每个队员都对自己与其他队员的位置关系和防守责任了然于心,在面对复杂多变的进攻局面时,能够迅速做出正确反应,执行有效的防守动作。这种站位布局不仅体现了防守阵型的科学性,更是软式棒垒球防守战术中的一种艺术展现,彰显着团队防守的精妙与和谐。

(三)动态调整:因势利导的防守智慧

防守阵型绝非一成不变的僵化模式,而是如同灵动的舞者,根据比赛的实际情况实时调整舞步。在软式棒垒球的赛场上,击球员的特点、场上局面以及进攻方可能采取的进攻手段等因素瞬息万变,这就要求防守方具备敏锐的洞察力和灵活的应变能力,及时对防守阵型进行合理优化。

击球员的特点是防守阵型调整的重要依据。不同击球员具有独特的击球风格与技术水平。有的击球员力大无穷,擅长大力击球,其击出的球往往如炮弹般呼啸而出,具有较远的飞行距离和强大的冲击力;而有的击球员则以技巧取胜,善于利用击球的角度和速度变化来突破防守,如巧妙地打出内野高飞球或触击球。面对擅长大力击球的击球员,防守方可能会适当扩大外场的防守范围,将外场手的站位向后调整,如同拉满弓弦,增加对长距离高飞球的防守纵深;对于技巧性击球员,防守队员则需更加关注击球的方向和落点变化,通过微调内场手的站位和防守重点,如针对擅长内野高飞球的击球员,内场手可适当后移并加强对高飞球的预判和接球准备,来防范其通过巧妙击球制造安打机会。

场上局面也是影响防守阵型的关键因素。当垒上有跑垒员时,防守方的任务不再仅仅是阻止击球手击出安打,更要兼顾如何遏制跑垒员的推进和得分。例如,当一垒有跑垒员时,防守方可能会采取牵制跑垒员的战术,此时一垒手会像忠诚的卫士般更加靠近一垒,随时准备对试图偷垒的跑垒员进行封杀。同时,其他内场手也会相应地调整站位,加强对击球手击球方向的防守,以便在击球后能够迅速发动双杀或封杀跑垒员的战术。若垒上有多个跑垒员,防守方则需更加谨慎地权衡防守策略,根据跑垒员的位置、速度以及击球手的击球能力,合理分配防守力量,如同高明的棋手在棋盘上巧妙布局棋子,确保在各个垒位上都能构建起有效的防御工事。

进攻方可能采取的进攻手段同样是防守阵型调整的重要考量。例如,当进攻方在比赛的关键时刻可能会祭出牺牲打战术时,防守方需要提前预判并迅速调整防守阵型。内场手可能会像猎豹般迅速靠近本垒,准备在击球手击出牺牲打后,以最快的速度将球传向相应的垒位,封杀跑垒员。又如,当进攻方有擅长偷垒的跑垒员时,防守方的捕手和内场手需要加强沟通与协作,通过频繁的牵制传球和精准的防守动作,如捕手快速精准地向垒位投出牵制球,内场手迅速接球并做出封杀动作,来遏制跑垒员的偷垒企图。

这种根据不同情况灵活调整防守阵型的能力,是一支优秀软式棒垒球队必备的素质。它要求队员们在日常训练中不断模拟各种比赛场景,培养对场上局势变化的敏锐感知和快速反应能力,使球队在比赛中能够始终保持主动,有效应对进攻方的各种挑战,构建起坚不可摧的防守防线。

二、防守范围的特点:明确分工与灵活调配

(一)全员守备:规则与团队完整性的基石

依据软式棒垒球运动的特点和规则,9个防守队员犹如9颗璀璨的星辰,必须全部在场内闪耀守备光芒,少一颗都将导致弃权的黑暗结局。

这一规则犹如高悬的达摩克利斯之剑,时刻提醒着球队防守团队完整性的重要性。在比赛的舞台上,每个队员都是不可或缺的主角,无论是负责内场核心区域防守的队员,还是守护外场广阔天地的队员,无论是专注于接球的灵动身影,还是承担传球与封杀重任的关键角色,他们的协同作战共同编织起阻止进攻方得分的坚固防线。这种全员参与的守备要求,不仅是对每个队员个人能力的严峻考验,更是对整个球队团队协作和组织管理能力的深度检验。它促使球队在日常训练中注重培养队员之间的默契与信任,确保在比赛中能够形成一个紧密无间的战斗整体,共同抵御进攻方的猛烈冲击。

(二)分工与范围:职责明晰的防守架构

每个守备队员在场上都有其相对固定的分工,如同精密仪器中的各个零部件,各自承担着独特的功能,共同维持着仪器的正常运转。内场手主要肩负内场区域的防守重任,一垒手如同坚守在前沿阵地的勇士,时刻准备迎接来自击球手的挑战,精准地处理击向一垒方向的球,并迅速完成封杀或触杀跑垒员的任务;二垒手则像中场指挥官,在处理地滚球和高飞球时展现出卓越的反应速度和传球技巧,同时积极参与内场的各种战术配合,如双杀战术的关键执行者;三垒手宛如镇守边关的大将,面对击向三垒的强劲球势,毫不畏惧地进行拦截和防守,守护着本垒前的最后一道防线;游击手则似灵动的刺客,在二垒与三垒之间的区域穿梭自如,以其快速的反应和出色的防守能力,填补内场防守的空隙,成为内场防守的关键变数。

外场手则负责外场区域的防守,他们如同天空的守护者,左外场手、中外场手和右外场手分别在自己的空域内巡逻,凭借良好的奔跑速度、强大的判断能力和精湛的接球技术,随时准备捕获击球手击出的长距离高飞球。外场手的防守范围广阔,犹如无垠的蓝天,需要他们具备出色的视野和对球飞行轨迹的精准预判能力,在球飞向外场的瞬间,迅速启动,像离弦之箭般冲向球的落点,将球稳稳接住,防止对手形成安打并得分。

尽管每个队员的防守范围相对固定,但在实际比赛中,由于软式棒垒球场地空间广袤无垠,来球变化多端,如同变幻莫测的风云,防守队员既要坚守自己的"领地",又要对重叠范围守备好。例如,在内场的三角地带,即一垒手、二垒手和三垒手之间的区域,以及外场手之间的交界处,经常会出现来球的归属争议或防守漏洞。这些区域就像隐藏在防线中的薄弱环节,需要防守队员在明确自己主要防守范围的基础上,加强对这些重叠范围的关注和协作,如同加固城墙的连接处,确保在任何情况下都能够对来球进行有效的防守,使整个防守体系无懈可击。

(三)关键区域与人员配置:中路防守的核心地位

在整个防守区域的浩瀚星空中,中路的守备范围犹如璀璨的银河,最为广阔且面临的来球情况最为复杂多样。因此,如同将最珍贵的宝石镶嵌在皇冠的核心位置,应将反应快、判断能力强、脚程快、技术好、战术意识强的队员安排在中路防守,如中外场手、二垒手、游击手等。这些队员凭借其卓越的个人能力,宛如夜空中最亮的星,能够更好地应对中路区域的各种来球挑战。

中外场手作为外场的核心枢纽,如同宇宙的中心黑洞,具有强大的吸引力和掌控力。他需要在广阔的中路外场区域内进行防守,不仅要能够以超凡的洞察力准确地判断高飞球的落点,像精准的导航仪引导着自己迅速跑到相应位置进行接球,还要具备如强力引擎般的传球能力,在接球后能够将球以最快的速度传向内场,协助内场手进行防守或发动进攻,成为连接外场与内场的关键桥梁。

二垒手和游击手则处于内场的战略要地,他们如同战场上的双雄,在处理地滚球和高飞球时展现出如闪电般的快速反应和如狙击手般的精准传球技巧。二垒手在防守中扮演着多面手的角色,既要协助一垒手处理击向一垒方向的球,又要在双杀战术等配合中发挥关键作用;游击手则以其灵动的身姿和敏锐的直觉,在二垒与三垒之间的区域游刃有余地穿梭,对击向该区域的球进行快速拦截和处理,同时与二垒手密切配合,共同构建起内场中路的坚固防线,是内场防守的核心力量源泉。

(四)灵活调配:根据场上形势的应变之策

在某些特殊情况下,如战场局势瞬息万变,可根据场上局面、击球员的打击能力,将左右外场手对调,把能力强的外场手集中到需要的方向和守备范围上去。例如,当击球员明显倾向于向左外场方向击球时,就像调兵遣将般将防守能力较强的外场手调至左外场,加强该区域的防守力量,提高成功接球的概率。这种灵活的人员调配策略如同在棋局中灵活运用棋子,能够根据比赛的实际需求,优化防守资源的配置,增强防守的针对性和有效性,使球队在防守战斗中始终保持主动,有效应对进攻方的各种变化和挑战。

(五)防守交叉区域的优先规则:避免混乱的有序指引

在软式棒垒球的防守战场上,对于防守交叉区域的高飞球,存在着明确如军规般的优先权规定。这些规定犹如灯塔的指引,有助于避免防守队员在处理交叉区域高飞球时陷入混乱和冲突的黑暗深渊,确保防守动作的高效执行。

接投手、捕手之间的高飞球,投手(自由人)有优先权。这是因为投手在这个区域通常具有如鹰眼般的良好视野和如猎豹般的快速判断能力,能够更迅速地对高飞球的落点做出反应。当投手判断自己能够接住球时,他会像勇敢的先锋率先行动,其他队员则需要根据投手的行动进行配合和补位。例如,如果投手成功接住球,捕手可能会迅速回垒,准备对可能的跑垒员进行封杀;内场手也会根据场上情况,调整自己的站位,防范其他跑垒员的推进。

接三垒手、二垒手、投手之间的高飞球,游击手有优先权。游击手在这个区域的防守位置较为关键,他能够像敏捷的忍者快速地移动到球的落点附近进行接球。当游击手对这类高飞球有优先权时,他需要果断地行动,其他队员则要为他提供必要的支持和补位。例如,三垒手可能会在游击手接球时,向垒位靠近,准备对跑垒员进行封杀;二垒手则可能会关注其他垒位的情况,防止跑垒员趁机推进。

接一垒手、投手之间的高飞球,二垒手有优先权。二垒手在这个区域的防守职责包括协助一垒手处理一些高飞球情况。当二垒手获得优先权时,他会积极地去接球,一垒手则会根据二垒手的行动,进行相应的补位或协助其他防守动作。例如,一垒手可能会在二垒手接球后,迅速回垒,准备对跑垒员进行封杀;投手也会关注场上局势,准备进行后续的防守动作。

接投手、捕手上方的高飞球,一垒手有优先权。一垒手在这个区域的防守作用不容忽视,他能够利用自己的位置优势对这类高飞球进行有效的处理。当一垒手获得优先权时,他会努力接住球,捕手和投手则会根据一垒手的接球情况,进行相应的战术配合。例如,捕手可能会在一垒手接球后,指挥内场手进行回垒或补位动作;投手可能会协助一垒手进行传球,将球传向其他垒位,阻止跑垒员的推进。

所有外场手都有接内场弧后方高飞球的优先权。内场弧后方的高飞球通常距离较远,需要外场手凭借其良好的奔跑速度和判断能力进行接球。当外场手对这类高飞球有优先权时,他们会迅速地冲向球的落点,其他内场手则会根据外场手的行动,进行相应的补位和战术配合。例如,外场手在接球后,可能会将球快速传向内场,内场手则会根据跑垒员的位置,进行封杀或截杀动作。

中外场手有接左右外场手之间高飞球的优先权。中外场手在整个外场的防守中起到了协调和核心的作用。当出现左右外场手之间的高飞球时,中外场手凭借其较为居中的位置,能够更好地判断球的落点并进行接球。在中外场手接球时,左右外场手则会进行相应的补位和协助动作,确保整个外场的防守严密性。

这些优先权规则的存在,使防守队员在面对复杂的交叉区域高飞球时,能够有条不紊地进行防守动作,避免因争抢接球而导致的失误和混乱,提高了防守的效率和成功率,是软式棒垒球防守战术体系中不可或缺的重要组成部分。

三、防守战术配合的要点:默契协作与主动应变

防守战术配合在软式棒垒球比赛中犹如心脏之于身体,起着至关重

要的作用,它强调总体配合和默契的达成。一个成功的防守绝非单个队员的独舞,而是全体防守队员之间如同一群训练有素的天鹅般紧密协作和无缝配合的华丽演出。

在防守过程中,队员们需要像生死与共的战友般相互信任、相互支持,形成一个有机的战斗整体。例如,当击球手击出地滚球时,一垒手、二垒手和游击手之间需要迅速地进行传球配合,根据跑垒员的位置和跑垒方向,准确地将球传向相应的垒位,完成封杀或双杀动作。

第三节 软式棒垒球比赛进攻策略

一、进攻战术概述

攻击中的进攻战术,是得分所不可缺少的必备条件。掌握一切机会,并采用最有效的攻击手段,是一个球队不能缺少的技术。为使进攻战术成功,虽然需要高超技术,但最重要的还是在于每一名队员能确实熟练掌握打击、跑垒等攻击方面的基本技术。严格说来,这些基本技术,如能在进攻战术中完全发挥出来,才算真正学会。

软式棒垒球进攻战术的进行,通常是场上的运动员遵照教练的指示实施的,即担任攻击的击球员能圆满完成教练的指示,是其首要任务。所谓进攻战术的含义就是如何千方百计成为跑垒员,成为跑垒员之后,又如何努力创造得分机会,并如何通过团队配合使分数再增加。为此,就需要将击球、跑垒等进攻手段在比赛中100%的发挥。

软式棒垒球进攻战术练习,应以实际可能发生的情形作为练习指标,而待学生完全纯熟后,在实际比赛中如遇到同样状况,就不会手足无措。技术是一切战术的基础,只有在实战式的练习中,将个人技术与进攻战术相结合,才能真正发挥进攻手段的作用。

二、击球员的基本战术

软式棒垒球比赛击球员的基本进攻战术有自由打上垒和中力打上垒,击球员采取何种击打战术主要取决于教练员的临场指挥。

(一)自由打

1. 目的

通过自己的自由击球造成防守方的守备失误或安打,使自己或跑垒员上垒、进垒或得分。

2. 战术要求和注意点

(1)当垒上无人时,常采用自由打战术,故进攻战术较简单。

(2)当垒上有人时,进攻战术手段可多种多样。若是安打好手,可大胆采用自由击球,创造更多的进垒和得分机会。

(3)尽量打成平远的球路,并根据场上局面打反方向球。

(二)中力打

1. 目的

主要是通过击球员向空档击出地滚球安打,达到安全上垒或连续进垒。

2. 战术要求和注意点

(1)常用于一垒有人的局面;有时二垒或三垒有跑垒员也冒险使用,达到攻其不备的目的。

(2)击球员尽量击成地滚球。

(3)不要全力挥棒,应采用中击方式击球,即6成左右力量击球,将击球时的注意力更多放在击球方向上而不是击球力量上,在避免被防守队员接杀的基础上提高安达率。

(4)选择擅打中击的击球员,可提高战术成功率。

三、跑垒员的跑垒意识及攻垒策略

软式棒垒球比赛中跑垒员的跑垒意识主要指根据垒上情形、守备特点、击球方向和落点的自主性跑垒意向反应,是高水平软式棒垒球运动员必须具备的基本素养。跑垒意识只有通过实战练习和比赛,才能培养出来,一般的常规技术训练是无效的。

下面介绍跑垒员的几种常规攻垒策略:

(一)垒上无人

1.击球员击出内场球后,跑垒员应全速冲一垒,并服从一垒指导员的指挥(手势、口语)。

2.击球员击出外场手身前球时,跑垒员采用P型跑法,在成功站上一垒的同时做好冲二垒的准备,并服从一垒指导员指挥。若击出右外场方向,可由自己决定跑垒数。

3.击球员击出外场穿越球,跑垒员应全速冲二垒,并根据三垒指导员的指挥,做好冲三垒准备。若是击球员击出中、右外场手之间的穿越球,如果跑垒员跑速够快的话,可以大胆冲三垒,并服从三垒指导员的指挥。

(二)一垒有人

1.击球员击出外场手前面安打球,跑垒员采取P型跑法,冲过二垒,并注视三垒指导员的信号。若是击球员击出中右外场手前面的安打,跑垒员应大胆冲三垒。

2.击球员击出外场手之间突破球,跑垒员应大胆冲三垒,并做好抢本垒的准备。

3.击球员击出左外场球,可由跑垒员自己决定跑垒数。

(三)二垒有人

1.击球员击出一垒手、二垒手之间的地滚球,穿过投手(自由人)背后球,二垒手、游击手之间地滚球、距离游击手稍远的左侧地滚球,跑垒员都应大胆冲三垒。

2.击球员击出三垒手、游击手之间的地滚球,跑垒员可考虑进三垒,若球传向一垒,跑垒员则要毫不犹豫冲三垒。

3.击球员击出一垒背后高飞球,跑垒员应做好冲三垒准备。

第五章 软式棒垒球比赛攻防策略

4.击球员击出中、右外场手的高飞球,跑垒员应做好冲三垒准备。

5.决胜局时,二垒跑者的任务是冲本垒。

(四)三垒有人

1.击球员击出二垒手、游击手之间的地滚球、穿过投手(自由人)的背后球,跑垒员应大胆冲本垒。

2.只要二垒手、游击手有倒地接地滚球,跑垒员就可以考虑抢本垒。

3.击球员击出外场高飞球,跑垒员应做好抢本垒的准备。

(五)一、二垒有人

1.此局面二垒跑垒员要观察内场防守站位,防止被封杀出局。

2.若二垒跑垒员跑速较慢,一垒跑垒员速度较快,击球员击出的球是穿过二垒手和游击手之间的地滚球,防守起来是比较困难的,这时二垒跑垒员可以冲本垒,而一垒跑垒员也比较容易到达三垒;若二人速度是倒过来,防守起来是比较容易的,主要控制一垒跑垒员上三垒。

3.只要是球传本垒,一垒跑垒员应大胆抢占三垒。

(六)一、三垒有人

1.击球员击出地滚球,为避免双杀,三垒跑垒员要有拖延双杀时间的意识和职责,如假抢本垒;原地快跑或出声等。

2.当击球员击出内场地滚球或外场高飞球,防守队员传杀本垒时,一垒跑垒员要全速上二垒,并做好抢三垒的准备。

3.打出中右外场安打球,跑垒员应大胆冲三垒。

(七)二、三垒有人

1.若击球员击出内场手正面地滚球,跑垒员要有掩护击球员上一垒的意识,如原地快跑或出声等。

2.遇弱棒击球员击球,可采用"换位置"的战术(必须事先有暗号联系),即当击球员击出地滚球时,二、三垒跑垒员都抢垒,守方有时只顾二垒跑垒员而忘了传杀三垒跑垒员,达到"出奇制胜"双双安全的效果。一、三垒有人也可采用此战术。

(八)满垒

1. 后位跑垒员多出声、干扰防守队员的注意力,击球员应尽量击出穿越平击球。

2. 打出外场高飞球,并传杀本垒时,后位跑垒员应积极进垒。

第六章 软式棒垒球运动对学生全面发展的研究

第一节 软式棒垒球运动对学生体能方面的研究

关于加强青少年体育、增强青少年体质的意见中指出:"广大青少年身心健康、体魄强健、意志坚强、充满活力,是一个民族旺盛生命力的体现,是社会文明进步的标志,是国家综合实力的重要方面。……体育锻炼和体育运动,是加强爱国主义和集体主义教育、磨炼坚强意志、培养良好品德的重要途径,是促进青少年全面发展的重要方式,对青少年思想品德、智力发育、审美素养的形成都有不可替代的重要作用。"

由此可见,国家对青少年学生的身心全面发展是十分重视的。软式棒垒球项目经过多年的研究、推广和优化,已经得到体育专家和教育专家的一致认可,是一项十分适合儿童青少年身心全面发展的校园体育运动项目。我国现行的中小学体育与健康课程的教学目标中明确提出把身体健康和心理健康作为两大重要目标,其中在身体健康教学目标中要求应全面发展学生的体能与健身能力、塑造良好体型与身体形态和培养自然环境适应能力等;在心理健康教学目标中要求应培养学生坚强的意志品质、学会调控情绪的方法、培养合作意识与能力和具有良好的体育道德。

校园软式棒垒球因为项目自身的诸多特点和推广优势,是一项最具素质教育功能的学校体育项目。参与软式棒垒球运动不但可以培养学生的身心发展,而且在软式棒垒球教学、训练和比赛的过程中可以让学生从运动中学会团队合作、培养坚定意志、增强人际交往沟通能力。

软式棒垒球运动对学生体能发展研究

儿童青少年是国家的未来和希望,对儿童青少年身心发展的关注已成为当今时代的教育发展主题。随着学校体育课程教学改革的不断探索,越来越多的体育教育专家学者为寻找适合儿童青少年的体育运动而开始加入关注学校体育的行列中。软式棒垒球是通过修改部分竞技棒垒球规则和器材的条件、材质等设计出的体育运动,能够全面促进儿童青少年身心发展,目前软式棒垒球在国外很多国家和我国部分地区已经得到广泛的开展。软式棒垒球不但具有极高的健身价值,而且能够提高参与者的身体素质,对参与者的意志、团队精神与社交能力和思想道德都具有较强的影响力。因此,软式棒垒球运动是一项十分适合提高儿童青少年身心发展的运动项目。

一、身体健康的内涵

现代社会将健康视为一个多维度的概念,包括身体形态的完善、身体机能的健全以及人体对于疾病或不良环境的适应能力。身体健康是儿童青少年生活和学习的基础,只有坚持科学锻炼,不断改善生活质量,提高健康水平,才能够保证正常的生活状态和学习效率。然而有资料表明,由于学习、升学和就业的压力,43%的青少年学生处于亚健康状态,这对于学生自身的发展以及社会的进步都是极其不利的。

校园软式棒垒球是一项集锻炼身体、增强心理为一体的体育运动,是一项十分适合儿童青少年和学生身体素质全面发展的运动项目。它的健身功能源于游戏化教学,具有良好的安全性及娱乐性,适合作为儿童青少年人群健身娱乐活动;它集力量、速度、耐力、灵敏、反应、协调等身体素质于一体,在参与过程中参与者的全身都能参与运动中;通过参加软式棒垒球运动,可以广交朋友,增强社交能力,并在从事软式棒垒球运动的过程中对儿童青少年的集体意识、组织协调能力、坚强意志和道德素质等都有所提高。

二、软式棒垒球运动的健身价值

软式棒垒球是一项具有极高健身功能的运动项目,它能够强健体魄,且娱乐性价值较高。据调查显示,软式棒垒球运动的发明者在发明软式棒垒球之时就具有明确的目的,要发明一项适合儿童青少年的棒垒球运动项目,让更多的人参与棒垒球活动中,并通过身体锻炼,使儿童青少年的身体、心理和精神达到最佳的水平。

软式棒垒球还是一项娱乐性价值较高的运动项目,它近似于游戏,因此能够吸引儿童青少年自觉的积极参与软式棒垒球锻炼之中。在参与的同时,儿童青少年可以全面的锻炼到全身上下206块骨骼和480块肌肉,实现了通过游戏的一定形式,使儿童青少年产生身体活动并最终达到强健体魄的健身目的。因此,软式棒垒球具有全面的健身功能和极高的健身价值,并且其健身价值是从游戏化教学中体现出来的。

三、软式棒垒球运动对身体形态的影响

身体形态是指人体外部形态特征,在一定程度上反映着人体的生长发育程度、体质健康水平以及营养摄取能力。

儿童青少年阶段,人体骨骼正处在生长发育的快速期。在软式棒垒球运动中,防守队员的快速接球及补位,跑垒员快速跑垒时的急起急停,都会对其下肢长骨进行反复刺激。经常参与软式棒垒球教学、训练和比赛等多样化综合锻炼活动,可以提高骨骺周围组织的代谢水平,促使骨骺细胞的不断分裂与增生,从而达到促进身高增长的效果。

在参与软式棒垒球运动过程中,学生需要反复通过肌肉的缩短收缩牵拉身体"骨骼杠杆"进行向心运动以实现传接球、挥击和跑垒等基本技术动作。运动强度适中的反复牵拉可以促使学生个体骨骼表面骨密质逐渐变厚,从而使骨的形态结构发生良性变化。

软式棒垒球运动作为典型性的户外体育运动,对于降低骨体钙质流失具有非常明显的作用。在室外操场参与软式棒垒球运动的过程中,可以增加人体接受日照时长,提高肠胃系统对钙质的吸收。因为校园软式棒垒球运动属于间歇性较长,运动强度适中的运动项目,运动过程中不会出现较为剧烈的能量代谢,从而会降低钙质流失的程度。

四、软式棒垒球运动对身体素质的影响

衡量身体素质的指标主要包括力量素质、耐力素质、速度素质、灵敏素质和柔韧素质等。力量是指机体某部分肌肉的爆发力;耐力是指人体长时间工作和运动时克服疲劳的能力;速度素质是人体进行快速运动的能力或在最短时间内完成某种运动的能力,按其在运动中的表现可以分为反应速度、动作速度和周期性运动的位移速度三种形式;灵敏是指在各种复杂条件下,迅速、协调、准确、灵活地完成动作的能力;柔韧是指人体关节活动幅度的大小以及韧带、肌腱和肌肉的弹性和伸展能力。各种身体素质之间相互联系,任何一种身体素质机能下降都会影响到整体的动作表现。

儿童青少年正处于身体发育期,是人一生中身体发育的黄金时期,因此这一时期身体的发育情况决定着一生的身体素质基础。软式棒垒球是一项集跑、跳、投、打于一体的运动项目,参与者在比赛中的不同时间需要分别扮演击球员、跑垒员、内场防守队员和外场防守队员等众多角色。在承担不同任务的过程中,对提高儿童青少年的全面身体素质也形成了重要的积极影响。

击球员击球时,需要运动员的手臂做出击打的动作,并且在挥臂的同时不但要有一定的速度,而且动作要协调用力;跑垒员跑垒时,需要运动员具有较高的速度能力,在发生跑垒员和垒上防守队员人球争垒的局面时,跑垒员要抢先进垒获得安全;担当防守队员时,在球被击出的瞬间,要能够清晰地判断出球的方向和落点,要根据来球的方向提前做好判断并迅速移动位置,准确找到落球点接球;担当外场手时,向内场传球的手臂力量也是不可忽视的;软式棒垒球通常每场比赛共进行5局,每队各攻防一轮为一局。因此,整场比赛下来对运动员的耐力素质也是有一定的挑战。

从生理层面上看,从事软式棒垒球运动不但能够全面的发展人的各项身体素质,同时还能够改善人的感受器官和神经系统的功能性。软式

棒垒球比赛场上局势瞬息万变,击球员会击出不同效果的击球,防守队员也会传出不同方向的传球。在比赛场上,一个微小的局势变化都会改变攻守双方的移动轨迹与运动速率,会出现大量的短距离冲刺和突然的变向疾跑。因此,软式棒垒球运动是一项集力量、速度、耐力、灵敏、反应、协调、跑、跳、投、打于一体的运动项目,在参与过程中对参与者的全身都有积极影响,相比其他运动来说健身效果更为全面,运动环境更为安全,且运动强度负荷适中,是一项能够全面锻炼儿童青少年身体的运动项目。

第二节　软式棒垒球运动与学生心理方面的研究

一、心理健康的内涵

健康是人人都关心、渴望和追求的目标,它与个人的幸福、家庭的和睦、国家的兴旺有着密切的关系。不良的社会心理因素,如焦虑、抑郁等是引起某些生理性疾病的主要原因,而良好的心理因素和积极的心理状态对疾病的预防和康复起着重要作用。健康的身体、有序的活动,对心理健康起着促进作用;相反,缺乏必要的身体活动,容易导致心境恶劣和心理失衡。

第三届国际心理卫生大会上提出:"心理健康是指个体在身体上、智能上、情感上与他人不相矛盾的范围内,将个人的心境发展成最佳状态。"心理健康有以下特点:一是具备较完整的人格,积极情绪多,消极情绪少,自我感觉好,有较好的自控能力,能保持正常心理平衡;二是在自己特定的圈子内,有较大的安全感,能保持正常的人际关系;三是对未来的生活目标明确,能够积极进取,勇于大胆尝试。

二、软式棒垒球运动对心理健康的影响

软式棒垒球运动具有促进学生心理健康的作用。有研究证明,有规

律、强度适中的身体活动,是使"个人心境发展成最佳状态"的重要手段。换言之,体育活动能有效地促进心理健康。长期坚持软式棒垒球运动,不仅能够强身健体,使人充分享受到身体运动带来的乐趣,还有助于促使儿童青少年的个性、潜能和创造力得到充分的发展。

(一)软式棒垒球运动有助于学生情商的培养

软式棒垒球运动具有明显的对抗性、集体性和统一性规律。参加软式棒垒球运动,可以培养学生充沛的体力和精力、良好的心理承受能力、公平的竞争意识、广泛的社会交往能力,从而以较高的情商去应对学习和生活中的困难;参加软式棒垒球运动,可以培养学生团结拼搏、乐于奉献、积极向上的优良品质;在软式棒垒球比赛规则的约束下,有利于学生形成文明的行为方式和良好的体育道德风尚;在软式棒垒球竞赛过程中,有利于培养学生克服困难、善于创新的精神;在参与软式棒垒球运动的教学、训练和比赛过程中,有利于培养学生科学、文明、健康的生活态度。

一场软式棒垒球比赛不仅是学生个人以及团队的身体素质和运动技能的直接较量,更是学生个人以及团队的智慧、意志和协作精神等综合素质的全面竞争。在运动场上学生所表现出来的强烈的求胜欲望,充分反映了学生热爱美、表现美以及追求美的情感与能力。

(二)软式棒垒球运动有助于提高学生的健康幸福感

健康幸福感也称心理自我良好感,是指与积极参加身体锻炼有关的某种兴奋、自信和自尊的情绪和态度体验,它是心理健康的重要标志之一。有研究表明,健康幸福感与长期锻炼身体呈正相关的关系。积极参加体育锻炼者比不运动者的自我感受和评价更积极,其中女生较男生相关程度更高。这主要原因可能是由于锻炼身体产生了内心愉快和乐趣的结果,也可能是由于女生较男生在体育活动中更富于感情色彩和更具有自我投入的倾向性。常年坚持锻炼身体对个人健康幸福感产生积极影响的主要原因包括生理原因、心理原因和社会原因,也可能是三者综合作用的结果。

值得注意的是,个体健康幸福感的增加,实质上与消极情绪的减少有着密切的联系。相关研究数据表明,锻炼身体30分钟能使紧张、困惑、疲劳、焦虑、抑郁和愤怒等不良情绪状态明显改善,同时可使精力保持在一个较高水平。因此,紧张、焦虑、抑郁、困惑、疲劳及气愤等消极情绪的减少,本身也意味着健康幸福感的增强。

在软式棒垒球运动中,当一个技术或战术运用成功,或者取得比赛胜利后,个体会以自我欣赏的方式传递其成就信息于大脑,体验成就效应,从而产生自我成就的认识和情感体验,产生愉快、振奋和健康幸福感。

(三)软式棒垒球运动有助于减轻学生的焦虑和抑郁症状

大量研究表明,短期身体活动或身体锻炼对于正常人的应激状态(如焦虑、抑郁和愤怒)能起到短时间的降低作用,而长期参加体育锻炼则对心理疾病患者的焦虑抑郁具有长期稳定的缓解作用,或者说身体活动或身体锻炼对焦虑和抑郁症状的改善具有积极作用。不愿与人交往的学生来说,在软式棒垒球运动过程中,学生们通过自然的相互交流,产生相互信任、相互鼓励。经常参加软式棒垒球运动,不仅可以增进快乐、调节情绪、振奋精神,而且这种积极的情绪状态可以使人自信、自尊、自豪、自强,并使烦恼、焦虑、抑郁、自卑等不良情绪得以解除。

在软式棒垒球教学、训练和比赛过程中,参与者要在极短的时间里判断来球方向及时准确跑动接球,并根据对手在垒上的情况独自分析应如何进行传球等,在参与过程中极大地培养了儿童青少年的独立处理问题的能力,对他们的观察、分析、决策、实施能力都得到了有效的培养,并且对他们坚韧、刚强、果敢的意志品质也能够有所提高。

(四)软式棒垒球运动有助于塑造学生健全的人格精神

人格是一种自我意识和自我控制能力,主要是指一个人整体的精神面貌,他所具有的与他人相区别的独特而稳定的思维方式和行为风格。人格精神是指一个人的气质、能力、性格和理想、信念、动机、兴趣、人生观等各方面能够协调、平衡地发展,且能够完整、和谐地表现出来。

软式棒垒球运动从宏观上看是群体的竞争,从微观上看又是群体中个体之间的身体对抗和技巧智能的直接对抗。软式棒垒球运动中的每一个环节,都要求个体在充分发挥自身特点和水平的基础上构成整体实力,或者说群体的默契配合依赖于个体的技巧和智能的充分发挥。软式棒垒球运动复杂多变,每一个瞬间都要求个体必须做出正确的观察与判断,独立果断地选择个人战术行动。在软式棒垒球比赛中,运动员运用技战术的时机很重要,时机稍纵即逝,否则个体失误的累加会造成全局的颓势。

软式棒垒球比赛可以最直接、最富有力度地表现学生的本质力量。通过软式棒垒球比赛,不仅能锻炼学生的坚忍不拔、勇敢顽强、吃苦耐劳的意志品质,而且对学生的自觉性、目的性、果断性以及自制力、坚持力、创造力等均有极大地影响。所以说,参加软式棒垒球运动可以实现学生个性的自由发展。

有教育专家总结认为,软式棒垒球比赛的表层意义是"胜利第一",而深层意义则是"功利、目的、欲望的实现与升华"。在软式棒垒球比赛中,每名上场队员都需要时刻观察对手、分析判断场上局势、扬长避短、创造优势、把握时机、敢于胜利,这也是现代社会人格精神的内涵,是青少年在未来激烈的社会竞争中所必须具备的基本素质。

第三节 软式棒垒球运动对学生社会适应能力的研究

儿童青少年的社会适应能力是个人综合素质的重要组成部分。学生社会适应能力的强弱,不仅反映学校教育的综合效果,也会对社会发展产生深远的影响。因此,加强当代儿童青少年社会适应能力的培养,既是国家、社会和学校的要求,也是广大学生成才的需要。

一、社会适应能力的内涵

社会适应能力也称社会适应性,是指个体与他人及社会环境的相互作用,并具有良好的人际关系和实现社会角色的能力,是个体在与他人和社会交往过程中心理承受能力以及心理自我调控能力的综合素质。

社会适应能力表现良好的青少年学生在与他人交往的过程中往往更容易建立自信感和安全感,能够与他人友好相处,与他人正常交往过程中能够保持心情舒畅,知道如何结交朋友、怎样维持友谊,知道如何帮助他人和向他人求助,能够聆听他人的不同意见,善于表达自己的思想,能以负责任的态度做事并在社会中找到适合自己的位置。

学校体育要为提高学生社会适应能力服务。体育作为一种独特的教育形式,在一定的规则与方法制约下,开展公平、公正、公开的各类运动竞赛,有利于促进学生之间的正常交往、协调人际关系、培养良好的社会公德意识,使其更倾向于遵守社会规范、增强社会责任感。由此可见,体育在提高学生社会适应能力方面具有特殊的教育作用。

二、软式棒垒球运动对学生价值观念的影响

软式棒垒球运动具有强烈的集体教育性。软式棒垒球是一项集体运动项目,对于培养学生的组织性、纪律性、集体主义精神和机智灵活的应变能力具有显著的作用。大多数青少年学生都具有较强的上进心、好奇心和活泼好动等心理特征,所以,他们很容易会喜欢并愿意参加软式棒垒球运动。

学校经常组织一些班级之间的软式棒垒球竞赛活动,有助于培养学生的竞争意识和开拓精神。参加软式棒垒球竞赛能激励青少年学生力争上游、奋勇拼搏的竞争精神,也有助于培养他们的责任感、使命感和集体荣誉感。软式棒垒球竞赛对胜利者的奖赏,能给广大学生带来精神上的满足和情感上的愉悦,激发他们锻炼身体的欲望。

通过软式棒垒球教学、训练和比赛实践,可以使教育者逐渐认识到软式棒垒球运动的教育价值。首先,软式棒垒球运动是集体项目,其运动行为是通过集体对抗的形式表现出来的,因而从事软式棒垒球运动能够增强集体意识,特别是强调学生之间的相互配合、彼此合作、相互信任、协调

一致；其次，软式棒垒球是在严格、统一的竞赛规则规范下进行的运动项目，能够培养运动参与者良好的行为规范和良好的组织能力；再次，软式棒垒球运动是高体能、高智慧的运动，从事软式棒垒球运动能提高学生的智能和体能；最后，软式棒垒球运动有助于自我改进和自我发展，每一次障碍的克服和自我超越的实现，都会使参与者产生成就感，可以激励他们不断战胜自我、接受新的挑战、攀登新的高峰。

软式棒垒球运动的这些特性使参与者或欣赏者都能从心理上得到享受和满足，给学生以一种美的感受，能促进青少年学生人格的培养和个性的完善，从而形成良好的人生价值观。

三、软式棒垒球运动对学生社会规范性的养成

(一)软式棒垒球运动有利于规范学生的行为

软式棒垒球运动是非常讲求规则的体育运动项目，每个参与者都要在比赛规则的约束下进行活动。在比赛中严格执行竞赛规则的同时也贯穿了体育道德精神，将有助于学生个体行为规范化，从而获得对现代社会生活方式的模拟与演练，进而培养学生健康文明的社会行为习惯。

在体育运动中，个体的行为要符合规则，要自觉养成遵守规则的行为习惯。个体的行为要体现出敬业精神和责任感，表现出踏踏实实、全力以赴的精神风范，取得社会规范的认同。同时，要学会控制犯规行为，软式棒垒球比赛过程中，学生应以力争获得球或占据有利的位置为目的，但绝不能为了达到目的而去伤人，或为了达到目的而采取投机取巧的手段，这不仅违反了规则，更违反了最基本的体育道德精神。

软式棒垒球在教学、训练和比赛过程中，十分注重对参与者体育道德的培养。比赛规则中明确杜绝了不文明情况的发生，在比赛入场与退场时双方队员需要互相致敬才可入场和离场，击球时击球员应摘帽并对裁判员致敬才可挥棒击球等，这一系列行为都表明了软式棒垒球这一运动对培养儿童青少年道德观念的重视，因此儿童青少年从事这一运动，有助于养成良好的道德素养。

攻击性是人性的特点之一。软式棒垒球运动在确保安全的前提下满足了学生的攻击性欲望,同时又为学生设计了一系列社会行为的控制器和调节阀,那就是竞赛规则与体育道德精神,从更深意义上讲还有文化的约束力,如信仰、道德、伦理、礼仪以及法律。体育的道德精神和竞赛规则保证了双方在公平合理的条件下展开攻防对抗,靠技巧和智慧取胜,倡导健康文明积极合理的行为,限制粗野动作和不礼貌不道德、投机取巧的行为。

(二)软式棒垒球运动有利于培养学生的协作意识与协作能力

协作意识是软式棒垒球运动不可缺少的内容之一。协作即齐心协力,协同配合。软式棒垒球运动的集体性规律,充分体现在协同配合和团队作风上,表现为球场上每个个体的行动都要服务于球队整体的目的和要求,依靠集体力量,发扬团结拼搏精神。个体只有很好地融入集体,球队整体才能发挥出最大力量,并为个体更好的发挥打下坚实的基础。

软式棒垒球运动要求整个球队团结协作,没有协作配合,软式棒垒球运动就很难更进一步向前发展。软式棒垒球运动的协作配合具有强烈的时空特征,为保证比赛的胜利,参与者必须考虑与同伴的协作配合。在软式棒垒球竞赛中,参与者的身心处于高度兴奋的状态。在激烈的比赛中,许多协作行为都是在平时训练和比赛经验中逐渐形成的,并潜移默化地影响学生的个体行为,扩大他们与同伴的交往范围。这种沟通协作能力的获得,为青少年学生日后走入社会更好地与他人协作配合打下了良好的基础。

软式棒垒球运动是一个需要团队合作才能进行的团体运动项目,需要各个队员之间的相互沟通配合和充分的信任才能顺利完成比赛。队员只有信任队友,并及时表达自己的意见与建议才能更好地进行比赛,增强队伍的凝聚力与应对场上发生的各种情况。

软式棒垒球运动作为集体性的运动项目无疑为学生与学生个体之间的正常交往提供了理想平台。因此,在参与软式棒垒球运动的过程中,儿童青少年学生的协商、合作、执行力、领导与被领导的能力也都得到了充分培养。儿童青少年学生处在这样的一个团队中，对提高自己的团队合作精神和社会交往能力都具有积极的促进作用。

(三)软式棒垒球运动有助于培养学生良好的个性心理

软式棒垒球比赛情况错综复杂，比赛时要求参赛者根据形势及时作出正确的判断，果断地采取个人的行动，或传球，或补位，或跑垒等都容不得半点犹豫，机会稍纵即逝。比赛处于僵持局面时，需要参赛者根据比赛经验以及所具有的个人技能采取大胆的行动。只有个性鲜明、人格独立的学生才敢于挺身而出、不拘于一般。

校园软式棒垒球运动为参与者个性的发展提供了广阔的演练空间，有利于塑造拼搏进取的人格精神、全面发展学生的个性。同时，软式棒垒球运动充满着竞争与合作，参与者在运动中就可以学会竞争与合作。软式棒垒球运动的对抗性规律，预示着比赛双方在身体、心理和智慧等多方面的抗衡。在规则允许的范围内，软式棒垒球运动强调竞争与合作，展现人的攻击本能，利用自己的智慧，审时度势，捕捉机遇。软式棒垒球运动的这些特点，也是现代社会人格精神的要求，是在市场经济环境中激烈竞争必须具有的个性品质。

(四)软式棒垒球运动有助于学生社会角色的定位与转移

在软式棒垒球运动中，每个人都担任着不同的角色。如击球员、跑垒员、守垒员、内场手和外场手等，每个角色都有各自的分工、各自的位置和各自的任务。在有些情况下，场上的位置需要进行调整，相应的任务就会出现变化，角色的功能也会发生变化。如场上防守位置之间的调整、场上队员与场下替补队员之间的调整等。学生通过担任不同的角色，可以使参与者理解软式棒垒球场上角色的定位和角色的转换。

同样，社会角色的定位与角色的转换也是根据社会的需要确定的，它与人们的某种社会地位、身份相适应一致。在一定条件下，角色是可以发生变化的。经常参加校园软式棒垒球运动，有助于学生理解角色的含义，尽快地适应周围环境，适应不同的社会角色。

参考文献

[1]钱坤,焦广识,何欣.球类运动理论与教学研究[M].长春:吉林出版集团股份有限公司,2024.

[2]孙志.高职体育教程第4版[M].北京:高等教育出版社,2024.

[3]李星.棒球初级教程[M].北京:人民体育出版社,2023.

[4]安大庆.新兴体育项目在高校发展的思考与探索[M].长春:吉林人民出版社,2023.

[5]何阳.棒球技术与指导棒球的基本常识攻防技术比赛规则跑垒进攻防守[M].北京:人民体育出版社,2023.

[6]董青,王洋.大学体育理论与实践教程[M].北京:对外经济贸易大学出版社,2023.06.

[7]武传钟,孙毅,曹玉超.新时代高校体育健康理论与实践教程[M].天津:天津大学出版社,2023.09.

[8]张天峰,李哲.棒垒球运动[M].北京:高等教育出版社,2022.

[9]黎年茂,韦江华.大学体育与健康教育[M].北京:北京理工大学出版社,2022.

[10]李大新,许凤英,李明霞.体育与健康[M].济南:山东人民出版社,2022.

[11]唐艺.新时代大学体育与健康[M].北京:高等教育出版社,2022.

[12]武东海,王守力,孙国栋,等.球类运动竞赛式教学法理论与实践[M].广州:广州中山大学出版社,2022.

[13]何艳君,曹志凯.新编大学体育教程[M].北京:北京大学出版社,2021.

[14]丁霞.大学生体育锻炼与户外运动[M].长春:吉林人民出版社,2021.

[15]姜振捷,徐云鹏.体育与健康[M].重庆:重庆大学出版社,2021.

[16]朱晓菱,倪伟.体育健康与实践[M].上海:上海大学出版社,2021.

[17]万顺文,余海英.体育与健康[M].南昌:江西人民出版社,2021.

[18]戴显岩.体育与健康[M].北京:清华大学出版社,2021.

[19]王东,申可.大学体育与健康[M].北京:人民邮电出版社,2021.

[20]王广,谢静.垒球[M].长春:吉林出版集团股份有限公司,2020.

[21]于芳.休闲体育[M].天津:天津科学技术出版社,2020.

[22]朱国生,陈忠宇,刘立华.大学体育教程[M].苏州:苏州大学出版社,2020.

[23]宋广侠,夏卿,孙建.球类运动教程[M].南京:南京大学出版社,2020.

[24]王轩.棒球规则2018版[M].北京:人民邮电出版社,2020.

[25]赵美娟.特殊教育体育探索[M].徐州:中国矿业大学出版社,2020.

[26]方慧.强健体魄享受快乐[M].上海:上海交通大学出版社,2020.

[27]李云霄.棒垒球运动技战术解读[M].北京:中国原子能出版社,2019.

[28]尚大鹏.软式棒垒球运动对学生身心健康发展的研究[M].北京:北京体育大学出版社,2019.

[29]于善安,刘国荣,解进.新编高校体育与健康教程第3版[M].上海:立信会计出版社,2019.

[30]谢洪武.体育与健康[M].北京:中国农业出版社,2019.